Hiang-Chu Ausilia Chang

Dla szkoły, która nigdy nie zanika

AF549374

Hiang-Chu Ausilia Chang

Dla szkoły, która nigdy nie zanika

Ponowne odkrycie roli edukacji szkolnej w XXI wieku

Wydawnictwo Bezkresy Wiedzy

Imprint
Any brand names and product names mentioned in this book are subject to trademark, brand or patent protection and are trademarks or registered trademarks of their respective holders. The use of brand names, product names, common names, trade names, product descriptions etc. even without a particular marking in this work is in no way to be construed to mean that such names may be regarded as unrestricted in respect of trademark and brand protection legislation and could thus be used by anyone.

Cover image: www.ingimage.com

This book is a translation from the original published under ISBN 978-3-639-86232-4.

Publisher:
Wydawnictwo Bezkresy Wiedzy
is a trademark of
Dodo Books Indian Ocean Ltd., member of the OmniScriptum S.R.L Publishing group
str. A.Russo 15, of. 61, Chisinau-2068, Republic of Moldova Europe
Printed at: see last page
ISBN: 978-620-2-44743-0

Copyright © Hiang-Chu Ausilia Chang
Copyright © 2020 Dodo Books Indian Ocean Ltd., member of the OmniScriptum S.R.L Publishing group

Hiang-Chu Ausilia CHANG

Dla szkoły, która nigdy nie zanika

Ponowne odkrycie roli edukacji szkolnej w XXI wieku

Przedmowa

Każdy z nas ma coś wspólnego ze szkołą, albo bezpośrednio z tym, że do niej uczęszczał, albo jako wychowawcy (rodzice, nauczyciele), w tym także jako twórcy polityki szkolnej i politycy.

Szkoła była stale przedmiotem kilku krytyki i skarg różnych kategorii ludzi i grup. Jednocześnie, szczególnie dziś, gdy rozwój technologiczny ulega szybkim przekształceniom, mówimy o *cyfrowej szkole* lub *wirtualnym środowisku nauki*, sprawiając niekiedy wrażenie zrujnowanej przyszłości szkoły, zamiast zastanawiać się nad tym, jak ją zharmonizować i zintegrować dla lepszej i bardziej humanistycznej szkoły. Ponadto, z jednej strony, istnieje hegemonia kryterium ekonomicznego i funkcjonalistycznego, a z drugiej - fundamentalizmu etnicznego i religijnego, jak również zjawiska masowych i wymuszonych migracji: wszystkie one, kwestie, które niepokoją całe kontynenty, jak gdyby cały świat.

Naprawdę, w tym kontekście, sensowne jest pytanie o niezaprzeczalną naturę szkoły i jej rolę oraz funkcje, których nie można pominąć, gdy zmieniają się czasy i konteksty społeczno-kulturowe.

Treść tego tekstu odpowiada właśnie na potrzebę wyjaśnienia funkcji szkoły i zaproponowania przekonania, które powinno być karmione przez wszystkich, aby wierzyć w trwałą wartość instytucji szkolnej, która ma swoją niezachwianą siłę, o ile sprzyja integralnej formacji wszystkich i każdego człowieka. W ten sposób każda istota ludzka może być na bieżąco z duchem czasu, przekonana o nienaruszalnej godności swojej i innych ludzi i może stać się zdolna do prowadzenia wraz z innymi harmonijnego życia naznaczonego aktywnym, krytycznym i konstruktywnym obywatelstwem, solidarnym ze wszystkimi.

W tym sensie, pomimo krytyki i gróźb z zewnątrz, szkoła "stoi", nie załamuje się, nie może zostać wyparta, chyba że człowiek chce zaryzykować zbiorowe wymarcie, odmawiając sobie prawa i obowiązku do ludzkiego, kulturowego i zawodowego rozwoju w solidarności z innymi ludźmi i z naturą. Myśleć pozytywnie i angażować się w edukację szkolną oznacza kochać przyszłość ludzkości. Taki jest cel tej książki.

Treść obu rozdziałów została przedstawiona na 11. Światowym Kongresie Edukacji Porównawczej, który odbył się w Korei Południowej w dniach $^{2-6}$ lipca 2001 r.

Mam wielki szacunek, z głęboką wdzięcznością wszystkich tych, którzy promują cenną pracę edukacji szkolnej w różnych częściach świata, wszystkich tych, którzy byli moimi mistrzami przez lata mojego życia, wszystkich tych, którzy pomogli mi na wiele sposobów, łącznie z angielskim tłumaczeniem i wydaniem tej książki.

Wszystkim serdecznie pragnę odkryć bezcenny skarb, jaki posiada szkoła, i podkreślić go, aby być szczęśliwym i uszczęśliwić wszystkich.

Hiang-Chu Ausilia CHANG
Autor

ROZDZIAŁ!

REDISCOVERING THE FUNCTIONS OF THE SCHOOL FOR THE 21st CENTURY[1]

Wprowadzenie

Edukacja znajduje się w stanie kryzysu: czy to już koniec? A co ze szkołą? Czy skończyła istnieć?

Jedna z ostatnich książek Neila Postmana, pod bardzo prowokacyjnym tytułem - *Koniec edukacji, 1995* - podkreśla nie tyle upadek czy śmierć Szkoły, co raczej jej nieocenioną wartość, pomimo jej wad i ograniczeń, które są nieustannie krytykowane, i pomimo postępu technologicznego, który wstrząsnął nią do tego stopnia, że udawała, że ją tłumi. Faktycznie, w podtytule książki - *Ponowne określenie wartości szkoły* - Autor kładzie nacisk na konieczność zajęcia się problemem szkoły, przechodząc "od instrumentów lub środków do końca".[2] Tutaj termin "koniec" oznacza dwa ważne znaczenia: *cel* i *wniosek*. W związku z tym, autor zamierza powiedzieć wszystkim, że przyszłość szkoły zależy od poważnej debaty na temat jej celu, a nie tylko na temat jej instrumentów czy narzędzi, ostrzegając przed ryzykiem zakończenia jej działalności, jeśli miałoby się zakładać udzielanie instrukcji bez "transcendentnego i szlachetnego celu".

Jeśli uważamy, że szkoła nie zakończyła swojego istnienia, fundamentalne znaczenie ma pielęgnowanie zaufania do jej zasobów/potencjałów; wzrastanie w determinacji, by ją ulepszać i uczynić z jej życia autentyczną *uroczystość.*[3] Zakłada to jasną wiedzę i świadomość tego*, czym naprawdę jest szkoła i do czego jest powołana.*

---

[1] Widzisz CHANG Hiang-Chu Auxilia, *The Shipwreck School? Odkrywanie na nowo funkcji szkoły w XXI wieku* [Czy to Wrak statku dla szkoły? Ponowne odkrycie funkcji Szkoły XXI wieku], w AA.VV., *Il bene cultura., il male scuola* [Kultura Dobra, Szkoła Zła], pod redakcją Luciany Lepri, Rzym, Armando 1999, 105-121.

[2] Por. LISTONOSZ Neil, *Koniec edukacji. Ponowne określenie wartości szkoły* (1995) / *Zakończenie nauki. Ponowne określenie wartości szkoły,* Rzym, Armando 1997, 10

[3] Filozof Heschel mówi o konieczności *celebrowania* każdej chwili ludzkiej egzystencji, aby uznać ją za *dar, tak aby* doświadczyć codziennego wydarzenia poprzez przyjęcie i wewnętrzne uznanie, które nadają duchową formę codziennym działaniom. Jest to kwestia *zwrócenia uwagi na transcendentne znaczenie naszych działań, z powagą i szacunkiem, z radością i powagą* (por. Heschel Abraham Jozue, *Kim jest człowiek?* [1965] / *Chi è l'uomo?,* Milano, Rusconi 19763, 176-182). Por. także WEIL Simone, *Attente de Dieu* [Paryż, Fayard 1969] / *Attesa di Dio, pod* redakcją J.M.Perrin, Milano, Rusconi 19914, 80-84.

W tym sensie, według mnie, należy pilnie zrewidować charakter i cel Szkoły, wychodząc od jej własnego etymologicznego znaczenia. W tym celu staram się przeanalizować, choć w sposób dość dokumentalny i niewyczerpujący, niektóre słowniki i encyklopedie pedagogiczne, a także dwa międzynarodowe raporty dotyczące edukacji.

1. *Szkoła* w swoim Etymologicznym Znaczeniu

Wydaje się coraz bardziej stosowne, by odzyskać, zwłaszcza dzisiaj, etymologiczne znaczenie terminu "szkoła" (w języku greckim: *scholé; po* łacinie: *schola), który* oznacza *przerwę, odpoczynek, "otium" (wypoczynek), które daje się sobie w celu zrozumienia siebie i odnalezienia siebie na nowo.* Według Latynosów szkoła, różniąca się od świata *negotium* (biznes, praca, działalność lukratywna), miała reprezentować moment *przyzębia,* w sensie odpoczynku od zawodów "materialnych", czyli moment poświęcony *bezinteresownemu ćwiczeniu ducha w celu* odkupienia się od niewiedzy i od łatwego "niewolnictwa" rzeczy, ćwiczeniu uzyskanemu za pomocą *kultury* słusznie nazywanej *otia.* Dlatego Łotysze dobrze rozumieli ścisły związek istniejący między kulturą, wolnością ducha i prawdziwie ludzkim spełnieniem. To znaczenie etymologiczne jest znaczące, szczególnie dzisiaj, i pełne praktycznych implikacji dla szkoły.

W związku z tym pojawia się spontanicznie pytanie: czy szkoła jest rzeczywiście środowiskiem *wyzwalającym*, *pożądanym* przez naszych uczniów, środowiskiem, do którego chodzą oni chętnie i z radością? Czy myśl o pójściu do szkoły daje im radość? Jeśli tak nie jest, to jakie są główne powody lub motywy? Szkoła, jak wszyscy wiedzą, nie może być rynkiem kupna-sprzedaży, jedną z konkurencji/konkurencji w sensie "Mors tua, vita mea" (Twoja śmierć jest moim życiem). Przeciwnie, musi promować refleksję i stworzyć warunki, które pozwolą na troskę i troskę o człowieka w jego całości - psychologicznej, społecznej, duchowej - polegając na jego wolności i otwartości na drugiego człowieka, na jego potencjale, na jego zdolności do inicjatywy oraz na odpowiedzialności osobistej i cywilnej.

Pojęcie Szkoły w ten sposób, odkrywanie na nowo etymologicznego znaczenia tego terminu, nie oznacza ignorowania zmęczenia i napięć, które nieuchronnie towarzyszą realizacji jej zadania. Przeciwnie, chce podkreślić aspekt bezinteresownej *i wolnej* działalności, który charakteryzuje kulturę ducha, a nie przymusu.

2. Szkoła w Słownikach i Encyklopediach Edukacyjnych

Słowniki są narzędziem pracy lub narzędziem dostępnym dla wszystkich, narzędziem ujawniającym wspólne znaczenie i/lub odzwierciedlającym naukowe/specjalistyczne rozumienie omawianych terminów, wyrażonym w sposób syntetyczny i bardzo często "definitywnym".

Nie wszystkie słowniki i encyklopedie edukacyjne[4] zawierają definicję szkoły. Nie ma go na przykład w *Encyklopedycznym Słowniku Pedagogiki* (Torino, SAIE 1972), który jest tłumaczeniem z języka niemieckiego, ani w *Nowym Słowniku Pedagogiki* pod redakcją G. Flores d'Arcais (Roma, Edizioni Paoline 1982), przeredagowanym w języku hiszpańskim we współpracy z I. Gutiérrezem (1990).

Wydawane w języku francuskim słowniki pedagogiczne podkreślają przede wszystkim aspekt instruktażowy, *a* więc funkcję *kulturową* Szkoły. Szkołę definiuje się jako "placówkę, w której nauczanie jest prowadzone lub prowadzone przez jednego lub więcej wychowawców dla zbiorowości uczniów";[5] "placówkę zorganizowaną w celu *zbiorowego nauczania* młodych uczniów".[6] Tak więc również w *Europejskim Słowniku Oświaty* (Madryt, Dykinson 1996) J.L. Garcii Garrido we współpracy, *Szkoła* Głosu ma znaczenie odnoszące się tylko do *instytucji nauczania-nauczania,* bez wyraźnej wzmianki o innych funkcjach.

Zamiast tego funkcja nie tylko *kulturalna*, ale i *edukacyjna jest w* pełni uznana zarówno w słownikach niemieckich, jak i przede wszystkim włoskich. W słowniku opublikowanym przez Winfrieda Böhma (*Wörterbuch der Pädagogik,* Stuttgart, A.Kroner Verlag 199414, 612-614; termin *Schule)* odniesienie do terminu *Erziehung* znajduje się przed odniesieniem do terminu *Unterricht.*

Definicja Szkoły, choć dość uboga, jest obecna w *Leksykonie Pedagogicznym* Mauro Laenga (Brescia, La Scuola 1978), który niedawno opublikował *Nowy Leksykon Pedagogiczny* (Brescia, La Scuola 1998). W nowym wydaniu nie ma żadnych zmian w tym zakresie. W pierwszym, który czytamy: "W dzisiejszej koncepcji szkoła jest instytucją społeczną, której powierzono wychowanie fizyczne, intelektualne i moralne dzieci i młodzieży, w formie odpowiadającej wymogom miejsc i czasów" (s. 262).

Niezależnie od krótkich wyjaśnień, Autor stwierdza dokładnie, że Szkoła jest "podstawową *służbą publiczną* (nawet jeśli w niektórych przypadkach zarządzanie można powierzyć osobom prywatnym lub korporacji), co odpowiada prawu wszystkich obywateli do podstawowego nauczania" (*l.cit.).* Koncepcja ta, jak wiemy, ma zasadnicze znaczenie również dla obrony praw szkół prywatnych, jak na przykład szkół katolickich, w odniesieniu do państwa.

---

[4] Jeśli chodzi o słowniki i encyklopedie o charakterze pedagogicznym opublikowane w latach dziewięćdziesiątych, patrz *Rivista di Scienze dell'Educazione* 36(1998)1, 145-146.

[5] Mialaret G. *Vocabulaire de l'Education*, Paryż, PUF 1979, 179.

[6] Foulquié P., *Dictionnaire de la langue pédagogique,* Paryż, PUF 1971, 145. Ten sposób rozważań odnosi się również do niedawno wydanego w języku francuskim słownika: CHAMPY Ph. - ETÉVÉ Ch. (red.), *Dictionnaire encyclopedique de l'éducation et de la formation* (1981), Paris, Nathan 19982, 315-317 (głos *École,* Claude'a Durand-Prinborgne'a).

W odróżnieniu od M. Laeng'a, który uważa szkołę - czy to państwową, czy prywatną - za *służbę publiczną,* w *Słowniku Pedagogiki i Nauk* o *Edukacji* P. Bertoliniego (Bolonia, Zanichelli 1996, 559-560: głos *Scuola),* terminy używane do określenia tych dwóch typów instytucji szkolnych są odpowiednio *publiczne* i *prywatne,* a nie *państwowe* i *prywatne.* Autor definiuje więc szkołę jako "każdą instytucję zorganizowaną w celu nauczania i kształcenia przedmiotów, zwłaszcza w wieku rozwojowym" (s. 559) oraz jako "prawdziwy i właściwy *wskaźnik* jakościowy społeczeństwa" (s. 560). W innej poprzedniej publikacji, *Słowniku psychoedagogicznym* (Milano, B.Mondadori 1980), P. Bertolini podkreśla funkcję edukacyjną, ponieważ Szkoła jest wskazana jako "każda instytucja zorganizowana w celu nauczania i kształcenia przedmiotów w wieku rozwojowym" (87).

Definicja szkoły w tomie *"Pedagogika": Warunki i problemy. Słownik Rozsądny* (Milano, Le Stelle 1972, 362-374), wydany przez C. Scurati i F. Lombardiego, ukazuje wyraźnie zarówno wymiar *kulturowy,* jak i *wychowawczy* Szkoły, a także więź, która istnieje pomiędzy tymi dwoma wymiarami. Szkoła jest "instytucją edukacyjną", ukierunkowaną "na badania i przekazywanie wiedzy", "miejscem, w którym edukacja z bycia spontaniczną i bezrefleksyjną staje się refleksyjna i specyficzna, nabierając coraz to nowych cech edukacyjnych obok celu, jakim jest przekazywanie wiedzy". A to dlatego, że nauczanie, tak bardzo różniące się zasadniczo od edukacji, jest z nią jednak związane i skoordynowane: może być edukacja bez nauczania, ale nie na odwrót. W ten sposób Szkoła, ze swej natury, przyjmuje także rolę wychowawczą, która jest coraz bardziej wzmacniana [...]" (s. 362s.).[7] F. Lombardi, do głosu "Szkoła", dodaje bardzo trafnie inne rozważania. Na przykład Szkoła jako Instytut *Prawny* - w takim stopniu, w jakim wpisuje się w ramy prawne, normy, przepisy - pozostaje jednak, zgodnie ze swoimi podstawowymi motywami, Instytutem *Etycznym,* gdzie duchowa współpraca między nauczycielami i uczniami jest niezbędna w celu promowania człowieczeństwa tych ostatnich.

Tak samo niepodważalna wydaje się funkcja wychowawcza szkoły w *Słowniku Nauk o Edukacji,* wydanym i redagowanym przez Papieski Uniwersytet Salezjański (Rzym). G. Proverbio, który opracował ten głos, przedstawia szkołę jako *moment edukacyjny i jeden z etapów rozwoju ucznia.* On, zgodnie z N. Perquinem (*Allgemeine Didaktik* 1967), według którego szkoła *humanizuje poprzez kulturę,* podkreśla wielowymiarowy aspekt racjonalnego wymogu, który jest jednocześnie intelektualny, afektywny, estetyczny, fizyczny, zawodowy,

[7] Takie poszerzenie, zdaniem autora, wynika z aktualnej sytuacji. W rzeczywistości kontynuuje: "[...] kiedy przede wszystkim w dzisiejszym społeczeństwie była powołana do podejmowania zadań wychowawczych, oprócz instrukcji, które tradycyjnie należą do innych instytucji, na przykład do rodziny, sprawiając, że coraz bardziej czuje potrzebę i pilność swojej obecności i swojego zadania" (*ivi* 363).

etyczno-społeczny, twórczy i intuicyjny. Jest to ten[8] sam wymóg, który stawia teoria tzw. *inteligencji wielokrotnej.*[9]

Właściwa refleksja *pedagogiczna nad* szkołą, w sensie kompozycji, jest obecna w *Encyklopedii Pedagogicznej pod kierunkiem* M. Laeng. E. Damiano, który jest odpowiedzialny za *szkołę* głosową (11 dużych stron małego druczku) definiuje ją jako *instytucję edukacji formalnej charakteryzującą* się następującymi głównymi atrybutami, które przepisuję w ich kompletności:

"(a) *program wielowymiarowy*, usankcjonowany społecznie, bo wywodzący się z wartości, które inspirują historyczne społeczeństwo odniesienia, istotny naukowo, bo ceniony przez społeczność uczonych producentów wiedzy, nakazany zgodnie z zaleceniami, aby kierować konkretnym wykonywaniem działalności dydaktycznej; (b) *kadra dydaktyczna zatrudniona w celu* opracowania programu, przy pomocy środków technologicznych, zarówno materialnych, jak i ekonomicznych, adekwatnych do celu. (c) szereg *standardowych celów* związanych z kompetencjami teoretyczno-praktycznymi ważnymi dla zapewnienia wymiany kulturalnej, ekonomicznej i politycznej, gwarantowanych przez oficjalne poświadczenie uzyskania *tytułów naukowych;* (d) *zbiór* adresów określonych przez dokładne wymagania uznane za odpowiednie do przystąpienia do z góry ustalonych procesów formacyjnych; (e) system *konstruktywnych zasad* sfinalizowanych w celu administrowania w odpowiednich i jednolitych formach zróżnicowanymi dostępnymi zasobami, promowania realizacji programu, kontrolowania oczekiwanych wyników do wykorzystania" (s. 10527).

Podkreśleniem, które się tu pojawia, jest traktowanie Szkoły jako *edukacji formalnej, ustanowionej przez złożoną organizację*, której "formalność" reprezentuje specyfikę *sposobu kształcenia* różniącego się od innych - *nieformalnego* i *pozaformalnego* - razem składają się na typologię działań formacyjnych właściwych dla społeczeństwa o wysokim zróżnicowaniu (por. s. 10526). *Formalizację instrukcji* należy zatem uznać za wewnętrzną i

---

[8] Autor stwierdza, że z wizji rozumu zredukowanego do wymiaru intelektualnego wynika tendencja do postrzegania wszystkich dyscyplin jako "teoretycznych", a więc posiadających wiedzę jako swój cel, ze szkodą dla dyscyplin "praktycznych" z samej ich natury, gdyż uznają one wybory (etyka i polityka) dyscyplin "produkcyjnych" lub "making" (sztuki użytkowe, "sztuki piękne"). W tym sensie innowacyjność nauczania powinna angażować *cały wszechświat doświadczeń ucznia, całą osobę w pełnię jej możliwości* (por. PROVERBIO Germano, *Scuola,* w: PRELLEZO J.M. - Nanni C.- Malizia G. [red.], *Dictionary of the Sciences of Education,* Leumann [TO], Elle Di Ci / Roma, LAS / Torino, SEI 1996, 982-986, przede wszystkim 983).

[9] GARDNER H., *Frames of Mind: The Theory of Multiple Intelligence*, New York, Basic Books 1983 / *Formae mentis. Essay on the plurality of intelligence*, Milan, Feltrinelli 1996; ID., *Multiple Intelligences. The Theory in Practice*, Harper Collins Publ. 1993 / The *education of multiple intelligences. From theory to pedagogical practice*, Milan, Anabasi 1995.

logiczną, istotną dla procesów integracji kulturowej: programy nauczania określone punktualnie, obowiązkowe egzaminy, tytuły studiów i inne referencje edukacyjne o charakterze urzędowym (s. 10528).

Według Damiano szkoła kształci bezpośrednio i *formalnie* poprzez nauczanie i kierunki studiów, a także *pośrednio* poprzez organizację pracy szkolnej i relacji między przedmiotami wchodzącymi w skład wspólnoty szkolnej (por. 10533).

Autor nie kwestionuje zatem w ogóle *edukacyjnej* funkcji szkoły; wręcz przeciwnie, podkreśla *edukacyjną* funkcję nauczania, uznając szkołę za *środowisko wychowawcze* - pojęcie rozproszone, jak wiadomo, również na poziomie programów ministerialnych Włoch. Jednocześnie nie ukrywa on aktualnej "krytyki pedagogicznej" Szkoły. Krytyka dotyczy wypowiedzenia skierowanego do Szkoły z następujących powodów: a) "postawy wybiórczej", czyli oporu wobec wysiłków; b) poważnego opóźnienia i niemożności tolerowania celów, treści i metod; c) podporządkowania się dominującemu interesowi, odtwarzając w ten sposób wartości panujących klas; d) złego nawyku rywalizacji między klasami przy nieprawidłowym rozszerzaniu systemu szkolnego. Do tego Damiano dodaje jeszcze dwa inne oskarżenia postawione szkole przez krytykę pedagogiczną; nazywane są one *głównymi zarzutami:* e) *oderwanie się lub powściągliwość* od efektywnego doświadczenia; f) *neutralność wychowania* formalnego, oba wywodzące się z formalizmu dawno minionej szkoły (por. 10530-10532).

W tym momencie ten sam Damiano może tylko zadać sobie pytanie, czy Szkoła będzie w stanie przetrwać kryzys współczesności - którego jest produktem - i nadejście tzw. ponowoczesności. Uznaje, że szkoła, nie tylko podstawowa, ale i średnia, jest dziś zagrożona przez środki masowego przekazu. Stąd, zdaniem autora, biorą się aktualne badania nad *wieloośrodkowym systemem,* skoordynowanym ze zróżnicowanymi "sposobami" - *formalnym / nieformalnym / nieformalnym* - edukacyjnych możliwości komplementarnych (10535); postulat ten jest również podkreślany przez organizacje międzynarodowe, w tym w szczególności przez UNESCO.

Te rozważania Damiano podkreślają zatem całą złożoność i problematyczną sytuację szkoły w chwili obecnej.

Różne wkłady, które pojawiły się w badanych słownikach, wzajemnie się integrują; prawie we wszystkich pojawia się podwójna funkcja Szkoły: *wychowawcza i kulturowa; wychowawcza poprzez kulturę,*[10] dzięki której Szkoła musi być uważana za *środowisko*

---

[10] Szkoła, według P. Braido, wyróżnia się *celem zasadniczo kulturalnym, a nie edukacyjnym;* jej funkcja edukacyjna wynika z personalistycznego charakteru formacji kulturalnej (por. BRAIDO P., *Filosofia dell'educazione,* Zurych, PAS Verlag 1967,296). *Synergiczny* związek między nauczaniem a edukacją dobrze

systematycznego uczenia się, przestrzeń rozwoju człowieka, a więc *środowisko wychowawcze, wspólnotę osób, o różnych rolach, ale mających wspólny cel, wychowawczo-kulturową.*

Można powiedzieć, że szkoła jest bez wątpienia złożoną rzeczywistością, zbudowaną z celów instytucjonalnych, z odpowiedzialności społecznej, z treści i działań edukacyjno-kulturalnych, w *służbie osób w formacji*, w poszanowaniu i uznaniu zasobów ludzkich (uczniów, nauczycieli, administratorów, itp.), w *klimacie współpracy i zaangażowania na rzecz solidarności, wzajemności, badań.*

3. Cel Szkoły w niektórych raportach międzynarodowych

Do czego wezwano szkołę: jest to nie tylko filozoficzna kwestia edukacji, ale także kwestia polityczna, która musi być zakorzeniona w odpowiedniej pedagogice szkoły.[11]

Warto w tym momencie podjąć wysiłek, aby pogłębić w sposób syntetyczny cel Szkoły w świetle dwóch międzynarodowych raportów na temat edukacji i, aby potwierdzić ich znaczenie, wziąć pod uwagę dokument Kościoła katolickiego i niedawną publikację jednego z hiszpańskich autorów. Wynik może stać się interesującą konfrontacją, a przede wszystkim istotnym aspektem zbieżności i komplementarności celów szkoły, które, jak zauważa G. Mialaret, są modyfikowane w zależności od okresów i kontekstu społeczno-kulturowego.[12]

Znacząca konfrontacja może mieć miejsce albo między dwoma międzynarodowymi sprawozdaniami, jednym w kontekście początku lat 70., a drugim na progu trzeciego tysiąclecia, albo między publikacjami z tego samego okresu. Wybierając drugą drogę dojdziemy do konfrontacji, która pozwoli nam mieć globalną, choć sumaryczną wizję.

---

wyraża również R. Titone, autor kilku publikacji dydaktycznych, według którego szkoła "bardziej niż klasa jest "sytuacją", w której nowe pokolenie rośnie poprzez przyswajanie sobie fragmentów i podsumowań doświadczeń [...]. "Sytuacja dydaktyczna" to ten czasowo-przestrzenny moment życia młodych, w którym zbiegają się wielorakie, zamierzone napływy mające na celu promowanie w młodym uczącym się rozwoju duchowego. Jest to dydaktyczna relacja międzyprzedmiotowa "usytuowana" w życiu szkolnym *tu i teraz.* Sytuacja dydaktyczna wynika zatem ze złożoności *czynników pouczających i wychowawczych działających synergistycznie na podmiot żywo reagujący"* (TITONE Renzo, *Psicodidattica,* Brescia, La Scuola 1977,129-130).

[11] Prawdziwych traktatów pedagogicznych szkoły jest niewiele. Wskazuję niektóre z nich, które uważam za bardziej znaczące: PLANCHARD E., La *Pedagogia della scuola* (1948*),* Brescia, La Scuola 1953; Agazzi A., *Teoria e pedagogia della scuola nel mondo moderno,* Brescia, La Scuola 1958; CORRADINI L., *Una scuola per l'uomo. The Christian community wonders,* Brescia, La Scuola 1979; ID., *Educare nella scuola. Culture, community, curricula,* Brescia, La Scuola 1983; SCURATI C., *Umanesimo della scuola oggi,* Brescia, La Scuola 1983; Damiano E., *Società e modi dell'educazione. Verso una teoria della scuola,* Florencja, La Nuova Italia 1990; BALLION R., *La bonne école,* Paryż, Hatier 1991; Damiano E., *Scuola,* w *Enciclopedia pedagogica VI, w* reżyserii M. Laeng, Brescia, La Scuola 1994,10526-10536.

[12] Cf Mialaret G., *Pédagogie générale,* Paryż, PUF 1991, 49-79.

3.1. *Cel Szkoły w publikacjach z lat 70.*

Odwołuję się do dwóch wskazówek dotyczących lat 70-tych: jednego, ze znanego *Raportu Faure'a,* opublikowanego przez UNESCO (*Learning to Be /Apprendre à être1*[972] / *Rapporto sulle strategies dell'educazione*, Roma, Armando 1973); drugiego, Kongregacji Edukacji Katolickiej (CEC) w dokumencie *The Catholic School* (Roma, 1977).

Raport Faure, UNESCO, który stanowi cenny dokument o Rzeczywistości Szkolnej na Świecie, 30 lat temu zauważył, że szkoła źle funkcjonuje na całym świecie i nie odpowiada odpowiednio na żądania jej adresatów. Czy to spostrzeżenie odnosi się również do obecnej chwili? Badania zdają się pokazywać tę samą sytuację.

Co trzeba wtedy zrobić? Odpowiedź zawarta w dokumencie jest niezwykła: *uczyć w taki sposób, aby nauczyć się "być",* uczyć się. Oryginalny tytuł w rzeczywistości jest: *Learning to Be / Apprendre à être* (1972). Dokument ten uważa za ważne: "uczyć *żyć, uczyć się, aby móc zdobywać nową wiedzę przez całe życie, uczyć myśleć w sposób wolny i krytyczny, uczyć kochać świat i czynić go bardziej ludzkim, uczyć się spełniać się w pracy twórczej"*(141).

O tym kroku o fundamentalnym znaczeniu L. Corradini doskonale skomentował w swojej książce zatytułowanej *A school for human being. Wspólnota chrześcijańska stawia sobie pytania* (Brescia, La Scuola 1979). Wydaje mi się, że warto zapamiętać jeden po drugim te cele skomentowane przez autora.

Po pierwsze: **Nauczanie do życia.** Chodzi o to, by z całą szczerością zadawać radykalne pytania (radykalne whysy życia) i odpowiadać w sposób poprawny i uczciwy. "Ten, kto znalazł 'dlaczego' żyć, napisał Nietzsche, może rozwiązać prawie każde 'jak'". Fundamentalne znaczenie ma nauczanie przez nasz sposób życia tego, czego chcemy, aby się uczyli, oraz współpraca z uczniami poprzez organizowanie naszej obecności w celu zaspokojenia ich głębokich potrzeb (por. 19-22).

Po drugie: **Nauczanie do nauki przez całe życie.** Jest to kwestia nauki uczenia się. Jest to nuta perspektywiczna kształcenia stałego lub ustawicznego. Corradini, komentując ten cel, mówi: "Nauka uczenia się musi być postrzegana [...] nie tylko jako konieczność, aby zapewnić sobie większą kontrolę nad faktami, nad technikami, które się zmieniają, ale także jako zdolność do wyboru, do odróżnienia tego, co istotne od akcesorium, tego, co stałe od przejściowego, tego, co ma wartość od tego, co po prostu nowe. Nauka uczenia się oznacza nie tylko zdolność do adaptacji, ale także zdolność do zmiany rzeczy; nie tylko do uchwycenia i przeżywania zmiany, ale także do uchwycenia i przeżywania ciągłości i tego, co trwa" (24-25).

Po trzecie: **Nauka miłości do świata**. Z pewnością dokument UNESCO nie mówi w kategoriach miłości chrześcijańskiej. "Nauka kochać świat - znów zauważa Corradini - oznacza nauczanie, aby zrozumieć, że nie można zbawić siebie samych, że trzeba zmierzyć się, jak to się mówi, z korzeniem zła, które tkwi w człowieku/kobie, ucząc się walczyć nie przestając kochać mężczyzn, nawet tych, którzy się mylą, przekonani, że i my mamy swój udział w błędzie, jeśli nie w ograniczeniu naszego punktu widzenia i naszych interesów osobistych i grupowych" (28-29).[13] Dziś ten cel nie może być inny niż włączenie ekologii i bioetyki. Kochać siebie samego jest równoważne i musi być przełożone na miłość do innych i do natury.

Po czwarte: **Nauczanie wolnego i krytycznego myślenia.** "Myśleć w sposób wolny i krytyczny oznacza [...] otwartość na poszukiwanie trwałych wartości i na walkę z przeciwstawnymi wartościami, w poczuciu miary i w duchu konstruktywnym, uważny i otwarty na prawdę i na osoby: oznacza przezwyciężenie lenistwa, lenistwa intelektualnego, aby jasno widzieć, szukać orientacji dla siebie i kierować innymi. Przecież jeśli jesteśmy naprawdę krytyczni, a więc uczciwi wobec samych siebie, musimy przyznać, że wolność, której nie jesteśmy w stanie sobie dać, jest o wiele większa niż ta, której jesteśmy pozbawieni lub której odmawiają nam instytucje i ogólnie inni" (35).

Wreszcie: **Nauka spełniania się poprzez pracę twórczą.** "Spełnienie siebie poprzez pracę oznacza napięcie pomiędzy aspektem subiektywnym a obiektywno-rzeczywistym działalności produkcyjnej. Praca jest nie tylko działalnością, którą każdy z nas słusznie pragnie wykonywać w swoim życiu, ale jest także ciężką koniecznością, z którą trzeba się zmierzyć" (37).

Wypełnienie siebie w dziele nie oznacza, że jedno dzieło jest tak dobre jak każde inne, ale także, że *tylko* niektóre dzieła pozwalają człowiekowi na wypełnienie się (por. 39). Pragnienie dzieła, które będzie wypełniać osobę, oznacza głęboką rewizję sposobu, w jaki dzieło jest rozpowszechniane i przeżywane dzisiaj (por. 40). Największą winą obecnej szkoły, a zwłaszcza Liceum Ogólnokształcącego, jest brak kontaktu z pracą.[14]

Cele wymienione w Raporcie Faure'a oraz te, które wynikają z dokumentu CEC *Szkoła Katolicka,* można szybko skonfrontować z poniższą tabelą:

[13] *Produktywna Miłość*, o której mówi Erik Fromm, znany świecki (niemiecko-amerykański) psycho-analityk, ma 4 cechy: *szybkość, odpowiedzialność, szacunek, wiedzę* (po *stronie mężczyzny/kobiety* [1947], Roma, Astrolabio 1971,79-82). Nie kocha się świata, jeśli na początku nie akceptuje się go za to, czym jest. *Gratuitous love,* stwierdza inny współczesny psycholog, Erik Erikson, jest najwyższym wyrazem ludzkiej dojrzałości.
[14] Por. AA.VV., *Nauka i społeczeństwo,* Rzym, Armando 1981,189.

SPRAWOZDANIE Z FAURE (1972)	CEC, *The Catholic School* (1977)
a) Nauka życia; b) Nauczanie do nauki przez całe życie; c) Nauka miłości do świata; d) Nauczanie wolnego i krytycznego myślenia; e) Nauka wypełniania się poprzez pracę twórczą.	a) Uczynić młodych zdolnymi do stopniowego otwierania się na rzeczywistość i kształtować dla siebie zdecydowaną postawę życiową (*Weltanschauung*) (por. nn. 27-29 i 8); b) Stymulowanie ucznia do ćwiczenia swojej inteligencji, poprzez dynamikę zrozumienia w celu osiągnięcia jasności i inwencji. To [Szkoła] musi mu pomóc przeliterować sens jego doświadczeń i ich prawdy" (n.27). c) Zapewnić silną formację charakteru [...], zdolną zarówno do oparcia się niszczącemu wpływowi relatywizmu, jak i do sprostania wymaganiom stawianym im przez chrzest [...]" (n.12).

Cele szkoły,[15] wskazane w dokumencie CKW, są zbieżne z celami raportu Faure'a i oba integrują się na zasadzie wzajemności. Prawdziwie mistrzowska jest koncepcja *Szkoły,* tak jak została pomyślana w tym dokumencie, jako "miejsce integralnej formacji poprzez systematyczną i krytyczną asymilację kultury [...], uprzywilejowane miejsce, w którym poprzez żywe spotkanie z dziedzictwem kulturowym następuje integralna formacja [...]" (n. 26, por. także nn. 16, 36, 49); "centrum, w którym rozwija się i przekazuje specyficzną koncepcję świata, osoby i historii" (n. 8).

Jak? W dokumencie tym *Szkoła Katolicka* proponuje pewne sugestie: a) rozważenie *przedmiotów nauczania* nie tylko jako środków zdobywania wiedzy, ale także jako wartości, które należy przyswoić, a zwłaszcza jako prawdy, które należy odkryć (por. n. 41); b) rozważenie *kultury* nie jako środka władzy i panowania, ale jako zdolności do komunii i słuchania ludzi, wydarzeń, rzeczy (por. n. 56); c) rozważenie *kultury* nie jako środka władzy i panowania, ale jako zdolności do komunikowania się i słuchania ludzi, wydarzeń, rzeczy (por. n. 56); d) rozważenie *kultury jako środka do komunikowania się i słuchania ludzi, wydarzeń*, rzeczy, które należy odkryć.); c) postrzegać *wiedzę* jako obowiązek służby i odpowiedzialności, doceniać ją jako otwartość na innych, ich sposób myślenia i życia, dzielenie się troskami i nadziejami, warunkami i przyszłością (por. n. 56-57); d) promować autentyczne wspólnoty ludzkie, które mogłyby wnieść oryginalny i pozytywny wkład w budowę ziemskiego miasta (por. n. 12); oraz współpracować z różnymi instytucjami edukacyjnymi (por. n. 48).

Żywe i życiowe spotkanie z dziedzictwem kulturowym", o którym mowa w dokumencie *Szkoła Katolicka* CEC, odbywa się i musi odbywać się w formie *osobistego*

[15] Dokument, który *Szkoła Katolicka* jasno potwierdza: "Nie wolno nigdy zapominać, że celem nauczania w szkole jest edukacja, to znaczy rozwój człowieka od wewnątrz, uwalniając go od tego warunku, który uniemożliwiłby mu stanie się w pełni zintegrowanym człowiekiem. Szkoła musi zacząć od zasady, że jej program edukacyjny jest celowo ukierunkowany na wzrost całej osoby" (n.29).

opracowania kultury, czyli *konfrontacji* i *włączenia odwiecznych wartości w kontekst życia (por.* n. 27). *Kultura*, którą promuje Szkoła, *musi oferować parametry i kryteria do interpretacji i opracowania nowych treści,* a zatem *musi być osadzona w problematyce czasu życia ucznia*. To właśnie podkreślono w publikacji UNESCO oraz w dokumencie CEC.

3.2. *Cele szkoły w publikacjach z lat 90.*

W tym kontekście interesujące jest uwzględnienie podstawowych celów Szkoły, zaproponowanych na początku trzeciego tysiąclecia przez *Międzynarodową Komisję Edukacji w XXI wieku,*[16] koordynowaną przez J.Delorsa.

Jak wynika z poniższej tabeli, w odróżnieniu od publikacji z lat siedemdziesiątych, te z lat dziewięćdziesiątych wyraźnie podkreślają *socjalizację* jako podstawowy cel Szkoły. Na poparcie tego stwierdzenia wykorzystuję publikację A.Lópeza Quintása,[17] która ukazała się w tym samym roku co sprawozdanie J. Delorsa.

Aby umożliwić natychmiastową konfrontację celów wskazanych w tym sprawozdaniu z celami zaproponowanymi przez hiszpańskiego naukowca, przedstawiam je w formie tabeli. Zacznę od tego, że w sprawozdaniu koordynowanym przez pana posła J. Delorsa mówi się o czterech *filarach* edukacji, podczas[18] gdy hiszpański uczony wskazuje 9 celów, uznając je za podstawowe cele szkoły.[19]

SPRAWOZDANIE DELORATORÓW (1996)	LÓPEZ QUINTÁS (1996)
a) Nauczyć się wiedzieć; b) Nauczyć się robić; c) Nauczyć się żyć razem, żyć z innymi; d) Nauka bycia.	1. Nauka myślenia; 2. Nauka bycia "osobą", rozwijania osobowości; 3. Nauka kształtowania własnej tożsamości osobistej w powiązaniu z otoczeniem; 4. Nauka, by żyć razem; 5. Nauka bycia solidarnym i towarzyskim; 6. Nauczanie o koordynowaniu niezależności i solidarności; 7. Nauka zachowania się w sposób moralnie poprawny; 8. Nauka dostosowywania się do środowiska; 9. Nauczanie podejmowania decyzji.

Ograniczona przestrzeń nie pozwala na dokładne skomentowanie tych celów; uważam jednak, że bezpośrednia lektura tych dwóch publikacji może być korzystna.

---

[16] DELORS J. et al., *Learning: the treasure within. Report to UNESCO of the International Commission on Education for the 21st Century / L'Éducation: un trésor est caché dedans*, Paris, UNESCO 1996 / *Nell'educazione un tesoro,* Roma, Armando 1997/En *la educación: un tesoro,* Madrid, Santillana 1998.
[17] LOPEZ QUINTAS Alfonso, *Cómo lograr una formación integral,* Madrid, San Pablo 1996.
[18] Por. DELORS, *W Edukacji* 85-97.
[19] Por. LOPEZ QUINTAS, *Cómo lograr* 24-33.

Wniosek

Uwzględnienie specyficznego celu Szkoły jest niezmienne: systematyczne i krytyczne założenie danej kultury. Szkoła powinna się przy tym różnić od wszystkich innych instytucji edukacyjnych.

Jeśli jednak oprócz tego wymiaru *kulturowego* pojawi się uznanie dla *pedagogicznego*[20], to oczywiste jest, że również wiążące zadanie Szkoły, jakim jest *promowanie osobowości, zostanie* uznane i zostanie stwierdzone, że *Szkoła pracuje dla osoby,* a nie dla niej. Ale, czy szkoła naprawdę służy *uczniom, czy szkoła uczniów?* Kiedy i na jakich warunkach możemy powiedzieć, że Szkoła jest dla mężczyzny/kobiety, w służbie człowieka, na "miarę" mężczyzny/kobiety?

Szkoła jest jedną z instytucji edukacyjnych i jako taka jest powołana do świadczenia *usług* publicznych o charakterze *kulturalno-edukacyjnym* dla wszystkich tych, którzy mają prawo z niej korzystać. Edukacja prowadzona jest w kategoriach służby jako orientacji do wzrostu - tu jest znaczenie władzy edukacyjnej ("auctoritas" od "augere" - a nie do sprawowania władzy. W tym sensie, według mnie, musimy przeczytać *Światową Deklarację* UNESCO *"Edukacja dla wszystkich"* przyjętą w 1990 roku w Jomtien (Tajlandia). W rzeczywistości podkreśla się konieczność: a) upowszechnienia *dostępu do nauczania i promowania równego dostępu;* b) skupienia *się na uczeniu się;* c) poszerzenia *środków i zakresu kształcenia podstawowego;* d) *poprawy środowiska uczenia się;* e) *wzmocnienia partnerstwa.*[21]

Jeśli wymiar *wychowawczy* Szkoły jest powszechnym przekonaniem, to dlaczego nie podkreśla się również jej wymiaru *społecznego*?

Według mnie należy podkreślić, że zasadniczo Szkoła prezentuje trzy główne wymiary, ściśle ze sobą powiązane, dlatego lepiej mówić o *potrójnym* celu: a) *edukacyjnym*; b) *kulturowym*; c) *socjalizacyjnym* (cywilizacyjnym). Te trzy *cele szkoły* "krzyżują się między

---

[20] Nikt dziś nie wydaje się kwestionować edukacyjnej funkcji szkoły. Istotna jest w tym momencie nie tylko obserwacja niektórych pedagogów o światowej sławie. Na przykład Robert Dottrens, autor książki wydanej przez Unesco: *Szkoła podstawowa na świecie. Programy i programy nauczania* (Roma, Armando 19712) stwierdza: "Krótko mówiąc, można stwierdzić, że obecna ewolucja szkoły zapewnia prymat edukacji nad nauczaniem, nie zaniedbując jednak tego ostatniego, ale poddając ją pewnym imperatywom..." (s. 105) o charakterze edukacyjnym. Obserwacja sięga lat '70!

[21] UNESCO, *Światowa Deklaracja w sprawie Edukacji dla Wszystkich* (art. 2-7), w ID., *Światowa Konferencja w sprawie Edukacji dla Wszystkich: Spełnienie podstawowych potrzeb edukacyjnych. Sprawozdanie końcowe,* Nowy Jork, Komisja Międzyagencyjna WCEFA 1990, 39-50.

sobą, ponieważ promując osobowość, socjalizuję i wzmacniam jej kulturę; socjalizując ją, promuje ją i wzmacniam jej kulturę, wzmacniając jej kulturę, promuje ją i cywilizuje".[22]

Szkoła jest miejscem - choć nie jedynym - autentycznej socjalizacji i taka funkcja jest ściśle związana z celem edukacyjnym i kulturowym. W rzeczywistości socjalizacja jest metodologiczną zasadą edukacji, a nauczanie, jeszcze lepiej, jest jednym z podstawowych celów edukacji, a nie dodatkiem wynikającym z sytuacji, w której żyjemy, charakteryzującym się aspektem wielokulturowym, współzależnością, zjawiskiem globalizacji itp.

Szkoła traci swoją rolę kulturowego wypracowania, jeśli działa tylko jako wielka maszyna dająca lekcje, a nie jako *centrum formacji i badań*; jeśli żyje w izolacji od rzeczywistości społecznej i od życia. Szkoła *socjalizuje się w takim stopniu*, w jakim angażuje się w realizację swojego wymiaru *edukacyjnego i kulturowego z* pełną świadomością tego, co sugeruje.

Ale, co to znaczy socjalizacja człowieka? Jak dobrze wyjaśnia A.Agazzi, prawdziwa socjalizacja jest tylko *socjalizacją osób*, a nie podejściem ilościowym. Społeczność osób oznacza *perspektywę "dobra wspólnego",* w pełnym szacunku dla człowieka/kobiety, systemu wartości (człowiek, życie, sprawiedliwość, pokój, miłość).[23] "Kochaj bliźniego jak siebie samego": to jest, a tu jest towarzystwo. Relacje obezwładnienia, władzy, buntu i przemocy nie mają charakteru społecznego.

Socjalizacja jest zatem zasadniczo edukacją do wartości, *edukacją z różnorodnością,* która nie aktualizuje się, jeśli nie poprzez *edukację do innych, do innych.* Pilność tego tematu jest wszędzie bezsporna. Prawdziwa edukacja społeczna polega na uczeniu się bycia *na usługach innych,* co wymaga edukacji do porównania, do wzajemnego szacunku.

Szkoła towarzyska jest *szkołą uczestniczącą.* Uczestniczyć oznacza mieć wspólny cel, być pomiędzy, wewnątrz rzeczy, być bohaterami, współprotagonistami z innymi, nie samymi, brać "udział", to znaczy dzielić się, zmuszać innych do uczestnictwa, dzielić się własnymi rzeczami z innymi.

Szkoła socjalizacyjna jest *szkołą autentycznej edukacji demokratycznej, "*[24]edukacji do współistnienia, do dialogu, do współpracy z innymi w celu wypracowania wspólnego

---

[22] AGAZZI Aldo, *Review of the Concept of Education,* w: *Ricerche Didattiche* [1974]176-177; 166. Autor mówi o trzech celach edukacji, które odnoszą się także do szkoły, a mianowicie o *promocji osobowości, socjalizacji, cywilizacji* (por. *ivi* 164-168). Podkreśla ponadto, że edukacja musi przekładać się na auto-orientację, auto-edukację i auto-rozwój.

[23] Por. *ivi* 164-168.

[24] Corradini uważa współzależność i uczestnictwo za odpowiedź na utopijne pytanie o niezależność i wszechmoc (*A School for Human Being 88s).* Historia uczy, że nie można mieć znaczącej demokracji scholastycznej (szkoła *dla wszystkich)* bez zmierzenia się także, wcześniej czy później, z problemem formalnej demokracji scholastycznej (*szkoła dla wszystkich)* (CORRADINI, *A School for Human Being* 97).

planu właściwych intencji i dobrej woli, w otwartej konfrontacji różnych opinii i w równowadze sił odpowiednich tendencji". Życie stowarzyszone to jedność w różnorodności, *konkordia dyskursów, w wyniku* czego powstaje wiele sił, które nie mogą się nawzajem niszczyć, ale odnaleźć swój naturalny skład".[25]

Autentycznie demokratyczna szkoła jest szkołą "całej" istoty oprócz tego, że jest "każda", ponieważ opiera się na koncepcji osoby. Szkoła demokratyczna jest tą, która przeżywa wewnętrzne napięcie aksjologiczne, które nieustannie poszukuje tego, co sprawiedliwe, godności, wspólnego dobra, wolności dla wszystkich, spełnienia praw wszystkich. Nadszedł czas, aby pogłębić koncepcję "Szkoły dla wszystkich", która, jak powiedzieliśmy, oznacza również "Szkołę wszystkich".

Szkoła wszystkich jest więc *międzykulturowa.* Przyszłość będzie coraz bardziej pod znakiem *międzykulturowej, międzykulturowej wymiany, spotkania,* w którym różne realia będą stawiane w konfrontacji, będą musiały się integrować bez obezwładniania się nawzajem, wzajemnie się wzbogacać bez uprzedzeń i roszczeń, gdzie *"moja" wolność musi być gwarancją wolności (i promocji) drugiej strony.*[26]

Chodzi o pogłębianie i przeżywanie, osobiście i instytucjonalnie, coraz ważniejszej *tożsamości kulturowej, o* wyjście poza tolerancję wobec *wzajemnego wzbogacania się, o* przezwyciężenie konkurencji w celu przeżywania *współpracy, o* wyjście poza "edukację dla drugiego" w celu poczęcia *edukacji z drugim.*

W tych ramach odniesienia każda szkoła, gwarantując solidny i wiarygodny poziom przygotowania zgodny z różnymi cyklami, także dla wzajemnego uznawania tytułów - co oznacza jakość przygotowania - ma jednocześnie promować nie tylko wymiar *lokalny* (krajowy), ale także *regionalny* (kontynentalny) i *światowy.* Szkoła uspołeczniająca nie może nie wychowywać *uczniów do wymiaru światowego,* dlatego też wychowuje *do pokoju* poprzez wybór wartości etycznych, wybór interdyscyplinarny, wybór globalny i pedagogiczny o pozytywnym pokoju i konstruktywnej nadziei. Jest to zatem Szkoła, która *kształci do kultury życia, sprawiedliwości, solidarności, rozwoju, szacunku dla środowiska.*

Jest to kwestia świadomości i uświadomienia uczniom *złożoności społeczeństwa,* w którym żyjemy. "Wychowywać w złożonym społeczeństwie" oznacza uświadomić sobie

---

[25] LAENG Mauro, *Lineaments of Pedagogy,* Brescia, La Scuola 1973,158. W tym świetle konieczne wydaje się odpowiednie docenienie form socjalizacji w prowadzeniu procesu dydaktycznego. Patrz: COMOGLIO M., *Nauczanie i uczenie się w grupie: Cooperative Learning,* Roma, LAS 1996; ID., *To Educate by Teaching. Learning to Apply the Cooperative Learning,* Roma, LAS 1998.

[26] Por. CHANG H.-C.A. - CHECCHIN M., *Intercultural Education: Perspektywy pedagogiczno-dydaktyczne organizacji międzynarodowych i szkoły włoskiej,* Roma, LAS 1996; Eynard Roberto, *Redakcja* do: Aa.Vv., *My i inni w szkole międzykulturowej,* w *Scuola Viva* 27 (1990-91)4.

narastającą niepewność wieku, która generuje nowe pytania, uświadomić sobie samotność dorosłych w obliczu problemów wychowawczych.

Złożoność, wzajemna zależność, prymat have nad bytem, rozdrobnienie, nadmierna specjalizacja, konkurencyjność to niektóre z pojawiających się aspektów postmodernistycznego społeczeństwa, o których musimy pomóc naszym uczniom uświadomić sobie, zwłaszcza w przypadku starszych klas szkół średnich.

Szkoła uspołeczniająca to taka, która żyje *strategią wzajemnych powiązań* także z punktu widzenia polityki edukacyjnej, zdrowego i konstruktywnego współdziałania z działaniami pozaszkolnymi w *kierunku zintegrowanego systemu formacyjnego.*[27]

Innym ważnym aspektem dla Szkoły jest wpływ, jaki ma *komunikacja:* Szkoła ma za zadanie nauczyć poprawnego wykorzystania komunikacji w ramach potrójnego planu: a) poprzez doświadczenie komunikacji, relacji międzyludzkich, dialogu, współpracy, a nie jednokierunkowego przekazywania kultury; b) poprzez poznanie i wzmocnienie wartości różnych języków medialnych dla celów wychowawczo-dydaktycznych; c) poprzez formację do krytyki uświadamiającej uczniowi niebezpieczeństwa pseudokultury audiowizualnej i iluzję siły informatyki.

Wreszcie, prawdziwa socjalizacja nie może nie odnieść się *do transcendencji*, która nadaje sens i znaczenie naszym relacjom z *innymi* i zachęca nas do przeżycia autentycznego doświadczenia komunii.

Szkoła potrzebuje kreatywnych Nauczycieli i Liderów w dziedzinie promocji ludzkiej i społecznej, zdolnych do rozbudzenia w każdym sumieniu i kreatywności. W tym celu konieczne jest ponowne wprowadzenie, w funkcji dydaktycznej i administracyjnej, nierozerwalnego związku między edukacją a nauczaniem. Tylko w ten sposób możliwe będzie *świętowanie* własnej pracy szkolnej w warunkach i cechach wymienionych przez Heschela.

---

[27] Również na ten temat Corradini napisał artykuł o wyraźnej syntezie pod tytułem: *Szkoła i szkoła pozaszkolna w kierunku zintegrowanego systemu wychowawczego* (w *Scuola e Didattica* 36 [1990-91] 6,14-17). To pilne: a) przezwycię yć sytuację rozdrobnionych i przerwanych interwencji; b) osiągnąć skoordynowane i komplementarne programowanie między szkołą, rodziną, instytucjami lokalnymi, stowarzyszeniami, kościołem; c) wyznaczyć obszar terytorialny w celu zaangażowania wszystkich obecnych tam przedmiotów i wyartykułowania potrzeb, na których programowanie działań, w odniesieniu do jednostronnie ustalonych celów (osiągnięcie przynajmniej wspólnego humanizmu wspólnych wartości); d) we wzajemnym uznawaniu, a więc w pogłębianiu funkcji szkoły, zadań instytucji lokalnych, relacji między szkołą a terytorium, podstawowej roli rodziny, itp.e) dojść do opracowania ustawy o zintegrowanym systemie formacyjnym (Krajowa Konferencja Szkoły w 1989 roku mówiła o "pakcie społecznym").

ROZDZIAŁ II

SZKOŁA I FORMACJA DO SOLIDARNEJ TOŻSAMOŚCI[28]

Wprowadzenie

Tytuł może być interpretowany na dwa sposoby: pierwszy z połączeniem "i", które łączy obie części, co wskazuje na temat "*Szkoła wezwana do kształtowania tożsamości w duchu solidarności"*; drugi, który uznaje *tożsamość w duchu solidarności* za cel, który ma być osiągnięty albo poprzez instytucję szkolną, albo poprzez formację rozumianą w szerszym znaczeniu (włączając w to formację ciągłą - auto i etero - zawodową i pozazawodową, program nauczania / szkołę pozaszkolną, a więc nieformalną i pozaformalną).[29] Oba sposoby są ważne i wzajemnie powiązane. Niniejszy artykuł odnosi się do obu i ma na celu podkreślenie, że nie można zrezygnować z promocji, a *solidarne nabycie tożsamości jest paszportem do nowego człowieczeństwa.*

Kryzys szkoły jest dobrze znany wszystkim. Z jednej strony jest to lustro i objaw historycznego kryzysu, a z drugiej, jako że "*oficina hominis*" (atelier osobowości), jest w pewnym sensie jedną z jego "przyczyn".

Należy tu przypomnieć temat międzynarodowego zjazdu, który odbył się w Rzymie w 1998 roku, "Kultura Dobra, Szkoła Zła", zorganizowanego przez *Nova Spes* (Międzynarodową Fundację na rzecz Globalnego Rozwoju Człowieka i Społeczeństwa). Poza prowokacyjnym wyrażeniem tematu, sama konwencja stanowiła odpowiedni bodziec dla zdrowej autokrytyki Szkoły, ponieważ została zaproszona do refleksji nad jej celami i miejscem w obecnym kontekście społeczno-kulturowym.[30] Przy tej okazji nalegałem na konieczność ponownego odkrycia przeznaczenia szkoły na XXI wiek.[31]

---

[28] Opracowanie to zostało przedstawione w języku włoskim na spotkaniu (Rzym, 13 kwietnia 2000 r.) zorganizowanym przez prasę ambasady francuskiej Stolica Apostolska /Centre Saint-Louis de France /Papieskie Centrum Kultury /Papieskie Uniwersytet Salezjański, a w języku angielskim na *XI Światowym Kongresie Edukacji Porównawczej* (Korea Południowa, 2-6 lipca 2001 r.).

Jego włoska wersja - *Scuola e formazione per un'identità solidale* - została opublikowana w *Rivista di Scienze dell'Educazione* 39(2001)3, 363-381 oraz w Nanni Carlo (red.), *Cultura Educazione Formazione. Dzisiaj, między Francją a Włochami*, Rzym, LAS 2002, 97-118.

[29] Znaczenie terminu "formacja", w jego ewolucji semantycznej, patrz: Bertagna Giuseppe, *Per una morfologia della formazione umana. Alcuni insegnamenti dai* Dialoghi *platonici* [*For a Morphology of Human Formation. Some Teachings from the Platonic Dialogues*], w *Orientamenti Pedagogici* 46 (1999)6,1005-1017.

[30] Patrz na ustawy: AA.VV., *Il bene cultura, il male scuola* [*Culture the Good, School the Evil* = The Perspectives of Nova Spes], pod redakcją Luciany Lepri, Roma, Armando 1999.

[31] Widzisz CHANG Hiang-Chu Auxilia, *The Shipwreck School? Odkryj na nowo funkcje szkoły w XXI* wieku [Czy *to Wrak statku dla szkoły? Ponowne odkrycie funkcji szkoły na XXI wiek*], *tamże*. 105-121. W tomie znajdują

Zbyteczne jest twierdzenie, że szkoła - nauczyciele i uczniowie - muszą być świadomi wyzwań, jakie stawia przed nami współczesne społeczeństwo. Wokół tego tematu, jak wiemy, zorganizowano wiele spotkań studyjnych. Również OIEC (Office International de l'Enseignement Catholique) uczyniło z niego przedmiot studiów. W rzeczywistości tematem XV Światowego Kongresu, który odbył się w Jaipur (Indie) w 1998 roku, była "Szkoła Katolicka i wyzwania XXI wieku". Jej akty były publikowane przez tę samą OIEC (w Brukseli) w trzech językach (francuskim, angielskim, hiszpańskim) o tym samym tytule.

Złożoność naszego społeczeństwa sprawia, że jest ono coraz bardziej niezdolne do zintegrowania swoich elementów i do przewidywania przyszłości. "Niepewność" może być nazwą jego przyszłości.[32]

Ale my zadajemy sobie pytanie: Czy są to wyzwania naszych czasów, takie jak pluralizm, sytuacja multikulturowa, złożoność, globalizacja gospodarcza i technologiczna, współzależność, itp. - zjawisko nieodwracalne i w pewnym sensie "powodujące" niestabilność i konflikty - *zagrożenie* dla ludzkości, czy raczej *zasób, który należy* traktować w sposób humanistyczny z całą inteligencją i wolą, do czego człowiek jest zdolny?

Ze wszystkich tych oczywistych kryzysów trwałych wartości pojawia się kilka pytań: jaka jest rola Szkoły dzisiaj i w przyszłości? Jaka jest jego struktura zadań?

Temat, o którym mowa - *Szkoła i Formacja do Tożsamości w Solidarności - ma* zapoczątkować perspektywę, która jest dla mnie niezwykle ważna.[33] Uważam, że nabycie tej *tożsamości,* jak wspomniano na początku, jest *paszportem do nowej ludzkości w XXI wieku.* Jest to temat, który bez wątpienia zasługuje na głęboką, wielodyscyplinarną refleksję. Ze swojej strony uznałem za stosowne skupić uwagę na temacie *Tożsamość w Solidarności* wokół trzech punktów, pomijając lub ograniczając do minimum rozważania nad pojęciem tożsamości,[34] wystarczająco zbadane z różnych punktów widzenia:

---

się materiały E.Agazzi, G.Bertagna, H.-C.A.Chang, P.Farengo, I.Illich, M.Laeng, L.Lepri, R.Rizzi, C.Montedoro, E.Morin, M.T.Moscato, M.Pellerey, A.Rigobello, A.V. Zani.

[32] Nasze społeczeństwo "charakteryzuje się strukturalną niepewnością i radykalną sprzecznością" (DE VITA Roberto, *Incertezza e identità* [*Niepewność i tożsamość*], Milano, F.Angeli 1999,7), naznaczonej rosnącą złożonością i fragmentarycznością życia społecznego i indywidualnego, procesem globalizacji i pluralizmu z jednej strony, a z drugiej zjawiskami lokalizmu i postawy etnocentrycznej, postawą technologicznej wszechmocy z jednej strony oraz niepewnością i obawą o przyszłość z drugiej.

[33] Patrz również DELORS Jacques (red.), *Learning: Skarb w środku. Sprawozdanie dla UNESCO Międzynarodowej Komisji ds. Edukacji na XXI wiek*, Paryż, UNESCO 1996, 91-96.

[34] Na temat tożsamości, oprócz książki R.De Vita, bogatej we wskazania bibliograficzne, patrz również Erikson Erik H., *Identity and the Life Cycle,* New York, International University Press (1959) 1980; ID.., *Identity: Youth and Crisis,* New York, Norton 1968; TONOLO Giorgio, *Adolescence and Identity,* Bologna, Il Mulino 1999; LEVI STRAUSS Claude, *L'identité*, Edition Grasset et Fasquelle 1977; SCIOLLA Loredana (red), *Identity: ways of analysis in sociology* [Tożsamość*: ścieżki analizy w socjologii*], Torino, Rosenberg & Sellier 1983; Aa.Vv, *Social Complexity and Identity*], Mediolan, F. Angeli 1985; AA.VV., *Tempo, identità, memoria* [Czas, tożsamość, *pamięć*], Firenze La Nuova Italia 1986; REALE Paola (red.), *Time and Identity,* Mediolan, F. Angeli 1988; POLLINI Gabriele (red.), *Appartenenza e identità. Sociological Analysis of Models of Belonging and Identity,* Milan, F.

a) aby odkryć na nowo *solidarność ontologiczną* jako wsparcie dla tej samej koncepcji *tożsamości;*

b) uznać *odmienność* za konstytutywny wymiar tożsamości;

c) przejść od koncepcji *solidarności ontologicznej* i *inności* do pedagogiczno-dydaktycznego rozważania o *tożsamości w solidarności.*

1. Tożsamość/in Solidarność ontologiczna

"Temat tożsamości jest przedmiotem zainteresowania wszystkich kierunków studiów; jest to żądanie każdego człowieka, którego uniwersalny strach jest obojętny, nierozpoznawalny przez innych i nie będący w stanie rozpoznać samego siebie.35

Dziś temat *tożsamości zasługuje* na szczególną uwagę, gdyż mamy do czynienia z kulturą śmierci, którą wolałbym nazwać kulturą *bezmyślności,* która ma swoje konsekwencje i zmęczenie utrudniające wzrost i dojrzewanie tożsamości osobistej i zbiorowej.

Każdy człowiek rozpoznaje siebie jako jedyne, niepowtarzalne i niepowtarzalne ja. Ale jego tożsamość musi być nieustannie odkrywana, dojrzewała, podbijana w świetle stawania się "tym, kim jestem" (*Bądź sobą!*). Więc *ontyczny* staje się *aksjologiczny.* "Stać się" oznacza być zajętym w/do wykorzystania zasobów/potencjałów osoby ludzkiej, która ma w sobie osobistą energię do "humanizacji siebie", do uczynienia ze swego niepowtarzalnego "ja".[36]

Angeli 1987; FABIETTI Ugo, *L'identità etnica,* Rome, NIS 1995; CERUTTI Franco, *Identità e politica,* Roma-Bari, Laterza 1996; Jervis Giovanni, *La conquista dell'identità,* Milan, Feltrinelli 1997; PINKUS Lucio, *Senza radici? Tożsamość i procesy transformacji w epoce technologicznej* [*Bez korzeni? Identity and Processes of Transformation in the Technological Era*], Turyn, Borla 1998; TAYLOR C., *Sources of the Self. The Modern* Identity, Cambridge, Cambridge University Press 1989 / Roots *of the ego. The construction of modern identity,* Milan, Feltrinelli 1993; GELLNER E., *Culture, Identity and Politics,* Cambridge, Cambridge University Press 1987; BLAIR Maud - HOLLAND Janet (red.), *Identity and Diversity.Gender and the Esperience of Education,* Clevedon, Multilingual Matters 1995; SMITH Richard - WESKLER Philip (red.), *After Postmodernism: Education, Politics and Identity,* London, The Falmer Press 1995; LASCH S. - FRIEDMAN J. (red.), *Modernity and Identity,* Oxford, Blackwell 1992; CAMPBELL John R. - REW Alan (red.), *Identity and Affect: Experiences of Identity in a Globalizing World,* London, Pluto Press 1999.

[35] Według Blocha, ludzka tożsamość nigdy nie jest osiągnięta, jest utopijną poszukiwaniem z nadzieją na jej odnalezienie. Ludzka egzystencja to trasa w poszukiwaniu naszej tożsamości, zawieszona między dwiema enigmatami, tą początkową i tą końcową (por. BLOCH Emmanuel, *Das Prinzip Hoffnung,* Frankfurt, Schurkamp 1953-1959 / *Il principio speranza,* Vol.3, Milano, Garzanti 1994).

[36] Tożsamość ludzka posiada biologiczno-etnograficzny wymiar *nadany,* lub lepiej *ontologiczny,* do odkrycia i *społeczny* wymiar *kulturowy* do podboju/doskonałości, który nigdy nie jest wyczerpany.

Agere sequitur esse (działanie następuje po byciu). Jak już mówiliśmy, istnieje *dana* tożsamość, która jednak zawsze jest na miejscu, a gdzie natura i kultura stają się *podstawą, na* której rozwija się tożsamość, natura może być uprawniona, lub zubożała i deformowana.

Wiele mówi się o solidarności, ale co dziwne, rzadko kiedy podkreśla się znaczenie *solidarności ontologicznej*. Zwróciłem już na to uwagę podczas seminarium zorganizowanego przez Papieski Uniwersytet Salezjański (Rzym) w 1990 r. na ten temat: Przekazywanie *myślenia i edukacji do Solidarności*.[37]

Jeśli chodzi o pojęcie *solidarności,* uważam, że szczególnie przydatne są wyjaśnienia zawarte w dwóch słownikach: *Dizionario critico di filosofia* [*Krytyczny słownik filozoficzny*], *pod* redakcją A. Lalande'a i opublikowany po francusku (Paryż, PUF) w 1926, przetłumaczony na włoski (Mediolan, ISEDI) w 1971; *Nuovo dizionario di teologia morale* [*Nowy słownik teologii moralnej*], pod redakcją F. Compagnoni, G. Piana, S. Privitera (Roma, Edizioni Paoline 1990).

W Krytycznym *Słowniku Filozoficznym* autor M. Bernes stwierdza, że solidarność nie jest obowiązkiem samym w sobie, a jeśli staje się obowiązkiem, to dlatego, że przed wszystkim innym jest ona kwestią faktów. Zakłada ona wartość praktyczną, implikującą obowiązek w takim stopniu, w jakim jest uważana za fakt ludzki. Solidarność jest uważana za obowiązek, właśnie dlatego, że jest ona niezbędna i ważne jest, aby człowiek nie działał przeciwko niej, ale aby ją jak najlepiej wypełniał i zwiększał jej wartość. Termin "solidarność" ma więc potrójne znaczenie: a) *relacje podane lub poczęte;* b) *wzajemna relacja* (relacja części do całości, całości do części, części do części w tej samej całości); c) *nierozerwalna relacja między znaczeniem a wartością, a* więc relacja sumienia, czyli fakt, który jest charakterystyczny dla człowieka.[38]

Wynika z tego konieczność odkrycia solidarności jako faktu i nadania jej celu (końca) lub idealnej treści.

Jasne i pełniejsze wyjaśnienie solidarności pojawia się we wspomnianym wyżej *Nowym Słowniku Teologii Moralnej.* Solidarność jest w niej wyjaśniona nie tylko w sensie prawnym, antropologicznym i socjologicznym, ale także jako wartość teologiczna i etyczna: jest to doświadczenie, które wierzący posiada o Bogu, który zachęca ich do życia w solidarności ze swoimi braćmi.[39]

---

[37] Akta Seminarium zostały opublikowane w numerze monograficznym w czasopiśmie *Orientamenti Pedagogici* 38 (1991)2. Wyżej wymieniony wkład patrz: CHANG Hiang-Chu Ausilia, *Una prospettiva didattica per un'educazione alla solidarietà* [*A Didactic Prospect for an Education to Solidarity*], in *ivi* 483-490.

[38] Por. BERNES M., *Solidarność* [*Solidarność*] 849-851.

[39] Cf GOFFI T. - PIANA G., *Solidarność* 1263-1271.

Bycie osobą solidarną w tym sensie jest konotacją istot obdarzonych inteligencją i siłą woli, dzięki której można mówić o solidarności między Stwórcą a ludzkim stworzeniem, ze względu na udział tego ostatniego, do Najwyższej Istoty. Istnieje zatem solidarność, która pochodzi od Boga wobec Jego stworzeń, która wyraża się w przypadku Jezusa Chrystusa - w tym przypadku, zgodnie z językiem chrześcijańskim, mówimy o "wierności" Boga wobec Jego obietnic, by być Bogiem - z nami - i istnieje solidarność - która jest drugą stroną medalu - która przechodzi od człowieka do Boga i której pojęcie jest dobrze wyrażone w etymologicznym znaczeniu *religio.* Istnieje także solidarność między ludźmi obdarzonymi sumieniem, poprzez fakt posiadania wspólnej natury, godnej wzajemnego szacunku; wynika ona z zaangażowania każdego człowieka wobec bliźnich i wobec tego, co nie jest obdarzone sumieniem.[40]

Ważne jest, aby nie poprzestać tylko na socjologicznym czy moralnym fundamencie solidarności, ale przede wszystkim odzyskać ontologiczne i antropologiczne znaczenie, które uznaje *fundamentalną konfigurację relacji człowieka z Bogiem, z Jego bliźnimi i z rzeczywistością globalną, która oświeca samą solidarność społeczną.*[41]

Stąd wynika podstawowe zadanie wychowawcze, jakim jest pomoc w odkryciu takiej solidarności ontologicznej i w spójnym jej przeżywaniu. Jest to kwestia kultywowania, jak to zobaczymy, *ekologicznej mentalności, począwszy* od okresu niemowlęcego, bez względu na wiek, płeć, religię, rasę, ponieważ *dobro* jednostki i zbiorowości polega na *odkrywaniu i respektowaniu takiej solidarności ontologicznej we wszystkich jej praktycznych implikacjach,* aby nie iść wbrew naturze. Innymi słowy, chodzi o to, by odkryć tożsamość ontologiczną jako solidną i zrozumieć, że tożsamość ludzka jest *dana* do odkrycia i do *zdobycia* w sensie jej rozwijania. *Paideia* odpowiednie dla ludzi może być otwarte tylko na fundamentalne pytania metafizyczne, ponieważ człowiek musi "zrozumieć siebie" i "znaleźć sobie miejsce", aby nadać sens własnej egzystencji.[42]

Odkrywanie takiej tożsamości jest stopniowe, wymaga prawdziwego i właściwego procesu sumienia poprzez pracę edukacyjną, która angażuje nas wszystkich: osoby i instytucje. Proces ten urzeczywistnia się we własnym sumieniu, rozumianym i

---

[40] Por. CHANG, *Prospekt dydaktyczny* 485.

[41] Por. *ivi* 485-486. Jan Paweł II w *Sollicitudo Rei Socialis* wyraźnie stwierdza, że solidarność "nie jest uczuciem niejasnego współczucia ani powierzchownej czułości na zło wielu bliskich i dalekich ludzi". Przeciwnie, jest to stabilna i wytrwała determinacja, by zaangażować się dla wspólnego dobra: to znaczy dla dobra wszystkich i każdego z nas, ponieważ wszyscy jesteśmy naprawdę odpowiedzialni za wszystkich" (n. 38).

[42] Przez *Paideia rozumiemy* "ramy intelektualne, w których każdy człowiek szuka odpowiedzi na te fundamentalne pytania, które podsumowują poszukiwanie własnej tożsamości osobistej, projektu istnienia, prawdziwego sensu własnego życia" (AGAZZI Evandro, *Una nuova paideia per una nuova scuola* [*Nowa Paideia dla Nowej Szkoły*], w AA.VV., *Il bene cultura, il male scuola* [*Kultura Dobra, Szkoła Zła*] 43).

przyjmowanym jako podmiot wyjątkowy, wolny i odpowiedzialny, a tymczasem staje się skuteczny *w kontekście relacyjnym, w* świadomości odmienności (naturalnej i kulturowej) każdej istoty ludzkiej, w stopniowym uznawaniu *drugiego* za podmiot równy, za podmiot niepowtarzalny, z wrodzoną wyjątkowością. W tym sensie "*inność"* staje się konstytutywnym wymiarem tożsamości.[43]

Tożsamość osobista i zbiorowa jest budowana w ramach związku. To właśnie w tej relacji różnorodność i wzajemność znajdują "przestrzeń", rodząc niejako "nową" antropologię (por. Habermas).[44] Dlatego też, w obecnej sytuacji "potrzebny jest kompas [...], aby umieścić obszar interesów (wolność i równość) w relacji rozróżnienia/integracji z obszarem tożsamości (solidarność i wzajemność)".[45]

Osobiście uważam, że z tej rzeczywistości wynika istota wszystkich treści formacyjnych szkoły i nauki: *człowiek, natura, Bóg i ich związek.* Mówiąc to, podkreślam, że uczenie się, edukacja i kultura w ogóle nie są niczym innym jak *doświadczeniem spotkania*[46] z taką rzeczywistością poprzez inteligencję (wielokrotną)[47] i z całym sobą. Można powiedzieć, że wiedza jest w istocie *powołaniem każdej rzeczy przez jej własne imię i zrozumienie więzi/współzależności między istotami i przyczyny tego wszystkiego,* a zatem zrozumienie wspólnego człowieczeństwa, aby je rozwijać i bronić przed ignorancją, nadużyciami i wypaczeniami. Nasze doświadczenie kształtuje się w odniesieniu do nas samych (jednostki), do świata (kosmicznego), do innych (społecznego), do Boga

---

[43] Jeśli trzeba uznać "pokój za podstawowe prawo człowieka", to zasługą należną, według mnie, takiej solidarności ontologicznej. O prawach do pokoju i solidarności, które jeszcze nie zostały uznane, zobacz: PAPISCA Antonio, *Democrazia internazionale, via di pace. Per un nuovo ordine internazionale democratico* [*międzynarodowa demokracja, droga do pokoju. For a New International Democratic Order*], Milano, F.Angeli 1986; AA.VV., *Droits de solidarité, droits de peuples* [*Prawa Solidarności, Prawa Ludów*], Republika San Marino 1983; SCUOLA DI PACE BOVES, *Verso la pace* [*W kierunku pokoju*]. *5. Tutela e promozione dei diritti umani* [*Ochrona i promowanie praw człowieka*], Leumann (TO), Elle Di Ci 1992.

[44] Por. DE VITA, *Uncertiant and Identity* 93.

[45] DONATI Pierpaolo, *Christian Social Thinking and Post-industrial Society,* Rzym, AVE 1997, 306.

[46] Temat "doświadczenia" jest wielozadaniowy, trzeba się nim zająć dogłębnie z różnych punktów widzenia (por. MIDALI Mario, *Introduzione* a ID). - Tonelli Riccardo [ed], *L'esperienza religiosa dei giovani* [*Doświadczenie religijne młodych*]. I. *L'ipotesi* [*Hipoteza*], Leumann TO, Elle Di Ci 1995, 7-24). Zdając sobie sprawę z poliwalencji tematu, używam terminu "doświadczenie" jako wskaźnika "procesu, który obejmuje całe doświadczenie ludzkie" (*ivi* 10), który zatem obejmuje wszystkie wydziały człowieka i ich realizację, oraz jako wyrazu "kondycji ludzkiej, w której taki proces się odbywa" (*ivi* 11), a więc odpowiednika "doświadczenia życiowego" (*Erlebnis*), który mówi w odniesieniu do tematu, historyczności i doskonałości. R. Guardini uważa, że jest to "żywa świadomość istnienia, tak samo jak ta, w której się ona przedstawia "wszystko", "całość", "istota" (GUARDINI Romano, *Persona e libertà. Saggi di fondazione della teoria pedagogica* [*The Person and Liberty. Essays of Foundation of Pedagogical Theory*], pod redakcją Carlo Fedeli, Brescia, La Scuola 1987, 31). Ciekawe rozważania na temat doświadczenia jako "typowego tematu Metafizyki" znajdują się w BERTI Enrico, *Metafisica* [*Metafizyka*], ROSSI Paolo (red.), *La filosofia* [*Filozofia*]. 3. *Le discipline filosofiche* [*The Branches of Philosophy*], Torino, UTET 1995, 47-51.

[47] Mówi o "Inteligencji wielorakiej" lub "Inteligencji wielokrotnej", czyli matematyczno-logicznej, cielesno-cinestetycznej, przestrzennej, językowej, muzycznej, wewnątrzosobowej, interpersonalnej (por. GARDNER H., *Ramy Umysłu: Theory of Multiple Intelligence*, New York, Basic Books 1983; FILOGRASSO H., *Gardner. Un modello di pedagogia modulare* [*Model Pedagogiki Modułowej*], Roma, Anicia 1995).

(religijnego), a każde doświadczenie jest jednym z *relacji.* Wszystko to na poziomie bycia, obowiązku i wiedzy.[48] Relacja ta jest *fundamentem* budowy kaldej ludzkiej tolsamości,[49] dzięki której "promocja-dyfuzja *kultury relacji,* rozumiana jako patrzenie na drugiego nie jako ciężar, ale jako zasób [dar] dla jednostki i dla wspólnoty". [50] Jednak do takiej *relacji i spotkania* niezbędne jest to, co niezależne, czyli "*inne*".

2. Odmienność jako konstytucyjny wymiar tożsamości

Każdy człowiek jest zarówno wszechświatem, jak i niepowtarzalnym, niepowtarzalnym, z nieodzowną potrzebą inności. Wyrażeniem "inność jako konstytutywny wymiar tożsamości" nie mam na myśli identyfikacji tożsamości i inności, która byłaby sprzeczna i niemożliwa, ale raczej logiczną i egzystencjalną nierozerwalność istniejącą między tymi dwoma bytami: *"Tożsamość i inność* to dwa nierozłączne paradygmaty wychowawcze i współzależne", podczas[51] gdy subiektywność i inność to "konstytutywne wymiary tożsamości".[52]

Paradoksem, który odnajdujemy w procesie budowania tożsamości jest to, że tożsamość przejawia się jako pewna i silna, tak samo jak doświadcza różnic. Tożsamość i różnice są jedną z najbardziej interesujących i stymulujących par przeciwstawnych. *Różnica* nie jest synonimem "różnorodności".

---

[48] Cf QUILES Ismael, *Filosofía de la educación* [*Personalistyczna Filozofia Edukacji,* Buenos Aires, Ediciones Depalma 1984, 37-53. Rozważania na temat edukacji do doświadczenia religijnego jako edukacji do spotkania, zob: CHANG Hiang-Chu Ausilia, *Educare all'esperienza religiosa. Dimensione pedagogica* [*Wychowanie do doświadczenia religijnego. Wymiar pedagogiczny*], w *Notatce duszpasterskiej Giovanile* 30 (1996) 8, 41-45.

[49] Laneve Cosimo, *The Intercultural City as Pedagogical Project,* w AA.VV., *Intercultural Pedagogy.* Problems *and Concepts* [*Intercultural Pedagogy. Problems and Concepts*], Brescia, La Scuola 1992, 177.

[50] *Ivi* 176. Autor stwierdza dalej: "Dochodzimy do tego, że jesteśmy w świecie, to znaczy, że jesteśmy po ludzku i kulturowo *dla* drugiego: *for nie ma* funkcji instrumentalnej, ale przyczynowej [...]" (*ivi* 177).

[51] CHANG Hiang-Chu Ausilia - CHECCHIN Marta, *L'educazione interculturale. Prospettive pedagogico-didattiche degli Organismi internazionali e della Scuola italiana* [*Edukacja międzykulturowa. Pedagogiczno-dydaktyczne perspektywy organizacji międzynarodowych i szkoły włoskiej*], Roma, LAS 1996, 158. A. Agazzi, mówiąc o edukacji międzykulturowej, państwa: "[...] rozróżnienie między *różnorodnością a tożsamością,* słusznie brane pod uwagę, nie oznacza w rzeczywistości nawet najprostszej refleksji, ponieważ jest to tylko pożyteczny środek, niewiele więcej niż werbalny, służący jedynie dyskursowi: "inny" jest się za prosty fakt bycia wyjątkowym, niepowtarzalnym, to znaczy każdy obdarzony własną *tożsamością,* a zatem "inny" od innych, od siebie nawzajem [...]. Różnorodność zatem, co do tożsamości; tożsamość, co do różnorodności [...]" (Agazzi Aldo, *Pedagogia i międzykulturowość planetarna* [Pedagogika *i międzykulturowość planetarna*], w AA.VV., *Pedagogia międzykulturowa* [Pedagogika *międzykulturowa*] 94).

[52] ROSSI Bruno, *Identita e differenza. I compiti dell'educazione* [*Identity and Difference. The tasks of Education*], Brescia, La Scuola 1994, 166. Autor uznaje, że budowanie tożsamości osobistej i kulturowej jest zadaniem trudnym, "udręczonym i trwałym" (*ivi* 20) i podkreśla konieczność dojścia do *"kultury więzi"*, która zakłada budowanie *tożsamości w dialogu w* kierunku *solidnej tożsamości* (por. *ivi* 215-237).

Różnica ta odnosi się do "ludzkiego potencjału, który podmiot posiada w zakresie wyjścia poza własną rzeczywistość bio-psychologiczną i psycho-społeczną". [53] *Różnorodność odnosi się* do "istniejących" cech, związanych ze strukturą bio-psycho-fizyczną i kulturową jednostki. Jeśli tożsamość budowana jest przez różnice, to bardzo często ważniejsze będzie poszukiwanie i docenianie tych różnic; musimy odkryć, że różnica jest wartością, wielką możliwością ludzkiego rozwoju, i że jedną rzeczą jest różnica, a drugą - nierówność.[54]

Temat *inności,* który stał się centralnym punktem dzisiejszej debaty kulturalnej, jest jednak tym, który został najbardziej zaniedbany przez myśl zachodnią (por. Lévinas, Buber).[55] Czyż kryzys podmiotu/osoby nie mógł być tak powszechny we współczesnej filozofii, z powodu takiego zaniedbania? Levinas powiedziałby, że nadszedł czas, aby rzucić światło na *humanizm drugiej osoby.*

Nie możemy więc wpadać w pułapkę dwóch skrajności: albo inności, albo podmiotu/podmiotowości (filozofii podmiotu), ale polegać na "rozumie komunikacyjnym" - czyli międzypodmiotowościowym i już nie podmiotowym - i w ten sposób otwierać się na *inność* podmiotu drugiego.[56]

Rozwój tożsamości odbywa się w kontekście relacji, w uświadomieniu sobie drugiego i w rozpoznawaniu drugiego: oznacza to rozwój świadomości i własnej odpowiedzialności.

---

[53] BERTIN Giovanni Maria - CONTINI Maria Grazia, *Costruire l'esistenza* [*Budowanie istnienia*], Rzym, Armando 1983, 57.

[54] *Różnica* jest pierwszą cechą osób, przez które każda osoba jest osobowością. Odmienność i różnorodność przyczyniają się do struktury tożsamości. "Różnica" to odmiana, której zwykle nie dajemy żadnej konotacji, zwłaszcza negatywnej; *"różnorodność"* ma czasami negatywne konotacje (pomyśl, ile osób cierpi na fizyczne lub psychiczne niedostatki, itp.).

[55] Cf LEVINAS Emmanuel, *Humanisme de l'autre homme,* Montpellier, Fata Morgana 1972; Buber Martin, *Ich und* Du, Leipzig 1923 / *The Dialogic Principle and other Essays,* Cinisello Balsamo (MI), San Paolo 1993; Nanni Antonio, *Alterità* [*Inność*], w: PRELLEZO José Manuel - Nanni Carlo - Malizia Guglielmo (red.), *Dizionario di scienze dell'educazione* [*Słownik Nauk o Edukacji*], Leumann (TO) / Rzym, LAS / Turyn, SEI 1997, 45-46; FERRETTI Giovanni, *Soggettività e intersoggettività. The Cartesian Meditations of Husserl* [*Subjectivity and Inter-subjectivity. The Cartesian Meditations of Husserl*], Turyn, Rosenberg 1997. Świętujemy 2000 lat chrześcijaństwa, które rozwinęło się na Zachodzie po jego powstaniu na Wschodzie.
Często słyszy się wyrażenie/potwierdzenie "Chrześcijańskie korzenie Europy". Czy chrześcijaństwo nie oznacza wartości godności osoby ludzkiej? Czy nie oznacza to uznania i miłości drugiego człowieka? Wielu uczonych pytało o to, jakie miejsce w kulturze zachodniej poświęcono *drugiemu*; jakie są osiągnięcia w społecznym współistnieniu ludzkości w jej globalnej rzeczywistości. Robert De Vita, na przykład, w swojej ostatniej pracy o jasnej refleksji i wielkiej syntezie, ma bardzo surowe sformułowania w krytyce kultury zachodniej (por. DE VITA, *Incertezza e identità* [*Niepewność i tożsamość*] 81).

[56] Habermas Jürgen, *Moral Consciousness and Communicative Action,* Cambridge, MIT Press 1990; ID., *Teoria moralności,* Bari, Laterza 1994; RICOEUR Paul, *Oneself as Another* 1990 / *Sé come un altro*, Milano, Jaca Book 1993. Dla Habermasa procesy komunikacyjne są tymi, które tworzą tożsamość i mogą ją przekształcić w ramach ciągłego procesu uczenia się. Moja nieobecność zależy od "Uznania ze strony innych mojej zdolności do podjęcia dyskusji na temat ważności tego, co mówię" (Habermas J., *Nachmetaphysisches Denken. Philosophische Aufsätze,* Frankfurt 1988 / *Il pensiero post-metafisico* [*Myśl post-metafizyczna*], Roma-Bari, Laterza 1991, 184.236). Aby kontynuować poszukiwanie tożsamości, konieczne jest zatem wejście w przestrzeń dialogu.

W tym sensie *tolsamość "ja" jest* przeniknięta przez inność, jest ukonstytuowana przez inność (por. Ricoeur: *On sam jako inny),* ale nie jest innością bez wyjścia, raczej *interlokutorem inności*, z którym molna nawiązać relację solidarności dla wzajemnego wzrostu ludzkiego (kulturowego). Co on do *mnie mówi*, a co ja spotykam po drodze? Niewiele można powiedzieć o tym, że tylko w relacjach międzyludzkich rozwija się świadomość własnej tożsamości. W obliczu rosnącego pluralizmu konieczna jest konfrontacja z "odmiennością", jak również *ponowne zdefiniowanie* własnej tożsamości i dojrzewanie solidnej tożsamości osobistej i kulturowej.

Trzeba pomagać ludziom być sobą i rozwijać się, nie kosztem drugiego, ale razem i dzięki drugiemu. Czy przemoc nie jest przecież odmową różnorodności?[57] Jest to kwestia uznania *prawa do bycia innym.* Tam, gdzie ja oczekuje i chce podporządkować sobie wszystko, co się dzieje, nie ma wzrostu prawdziwej tożsamości, bez solidarności.[58] Środki masowego przekazu, poprzez "uniwersalizację" informacji, mogą przybliżyć nam obraz drugiego, ale także uczynić go bardziej obojętnym, bardziej abstrakcyjnym i rozpraszającym.

Nikt nie może zaprzeczyć, jak trudny może być proces tworzenia się tożsamości osobistej i kulturowej. W miarce, w której człowiek ignoruje lub zaniedbuje innych, lub wykorzystuje ich, lub walczy z nimi, tożsamość nie jest urzeczywistniona, nie rośnie, ponieważ ja, które jest "dyrygentem", rozpada się na kawałki w sobie, gubi się bez kompasu, szaleje. Tożsamość rozwija się dzięki drugiemu, który nie może i nie może pozostać dla mnie *obcy*[59]. Jesteśmy nieustannie kwestionowani przez drugą osobę, przez tego, który jest inny, przez obcego, który jest dziś naszym sąsiadem.

Samoświadomość jest warunkiem koniecznym do rozwoju własnej tożsamości, a rozwój tożsamości jest równoznaczny z kształceniem do samoświadomości, do tożsamości solidarnej, do odpowiedzialności.

---

[57] Por. Girard René, *La violence et le sacré* 1972 / *La violenza e il sacro* [*Przemoc i świętość*], Mediolan, Adelphi 1986

[58] W związku z tym dwaj autorzy świadczą o tym samym skazaniu. Według teologa C. Di Sante, tolsamość urzeczywistnia się nie tyle w samorozwoju, ile w rozbieraniu ja, w dobrowolnym rozbieraniu ja *(dis-identity) w celu* uczynienia drugiej osoby (por. DI SANTE Carmine, *Il Padre Nostro). L'esperienza di Dio nella tradizione ebraico-cristiana* [*The Our Father. The Experience of God in the Hebrew-Christian Tradition*], Asyż, Cittadella 1995, 50-54). V.E. Frankl wyraża tę koncepcję, stwierdzając, że "człowiek jest sobą w takim stopniu, w jakim pokonuje i zapomina się" (FRANKL Viktor E., *Das Menschenbild der Seelenheilkunde,* Stuttgart, Hippokrates Verlag 1959 / *Alla ricerca di un significato della vita* [*Poszukiwanie znaczenia życia*]. *Spiritualistic Foundations of the Logo-therapy*], Milano, Mursia 1974, 72).

[59] *Obcy,* to ktoś, kto ma z nami kontakt, ale nie jest częścią *mnie:* "Obcy jest uogólnioną formą inności w kontekstach społecznych bardzo zróżnicowanych" (Sciolla Loredana, *Differenziazione simbolica e identità* [*Zróżnicowanie symboliczne i tożsamość*], w *Rassegna di Sociologia,* 24[1983]1, 68). Zbyteczne jest stwierdzanie, jak trudno jest dziś powiedzieć MY w społeczeństwie charakteryzującym się wielokulturowością, globalizacją itp.

Autentyczna solidarność jest zatem wymogiem porządku moralnego i przedstawia się jako *świadomość wzajemnej* zależności oraz jako aktywne *zaangażowanie* dla dobra wspólnego, dla dobra wszystkich i każdego z osobna.

3. Propozycja edukacyjno-dydaktyczna na rzecz kształtowania tożsamości w Solidarności

Każdy akt wychowawczy jest relacją, która rozwija się zgodnie z osobą, z jej oryginalnością i kreatywnością. Świadomość bycia *wyjątkowym podmiotem,* "panem samego siebie" w sensie uświadomienia sobie własnego miejsca w świecie, nie jest sprzeczna ze świadomością wyżej wymienionej *solidarności ontologicznej*. Przeciwnie, jest to prawdziwe i właściwe jej wyrażenie. Jest to kwestia uznania wszystkich, a w każdym z nich godności osoby ludzkiej i uznania jej za inne "ja", przez co Ja muszę usunąć drugiego ze świata rzeczy nieożywionych, ze stanu bycia przedmiotem, a zatem nadać mu godność, integralność i siłę własnej obecności.

W społeczeństwie naznaczonym silnym kryzysem wartości - przede wszystkim rozpadem życia rodzinnego, rozpadem pierwotnej rodziny, wykorzystywaniem i przemocą niszczącą godność osoby, sytuacjami braku zaufania do dorosłych i modeli rodziny itp. - wzrost osobistej i zbiorowej tożsamości staje się coraz trudniejszy. Nie można też zapomnieć o sytuacji "samotnego brokera" przyklejonego do komputera, który klika w paszczę "informacji", często zarządzając nią w sposób nieuporządkowany; osoba ta albo jest odcięta od świata i uwięziona w siatce "sieci", albo jest rozpaczliwie głodna komunikacji.

Jesteśmy świadkami "nowego" niepokojącego zjawiska psychopatologicznego zachowań on-line: *"Zależność od Internetu".* Internet jest niewątpliwie niezwykłym zasobem dla całej ludzkości, ale wciąż bardzo dalekim od pozytywnego wzmacniania wartości dla wszystkich. Jednocześnie, będąc pełnym ryzyka i niepewności, zwiększa problemy związane z tożsamością. Sieć cię łączy, ale też przechwytuje.

Mówi się o "tożsamościach wirtualnych", o "oderwaniu transu od nadużywania Internetu", o "pustynnieniu przestrzeni wyobrażonej i symbolicznej, przy wzroście problemów z tożsamością, o impulsywnych i kompulsywnych zachowaniach, o doświadczeniach de- personalizacji i de-realizacji, o innych zjawiskach psychopatologicznych [...]".[60]

[60] VALERIANI Francesco, *Przedmowa* do: Cantelmi Tonino et al., *La mente w internecie. Psicopatologia delle condotte on-line* [*The Mind in Internet. Psycho-patologia zachowań on-line*], Padova, Piccin 2000, X. Por. także LA BARBERA Daniele, *La Rete che connette, la Rete che cattura: metafore dell''esperienza' internet* [*The Net*

Daleko od pesymizmu w odniesieniu do rozwoju technologicznego, konieczne jest pilne rozważenie ze strony szkoły, aby przyjąć odpowiedzialność za nowe technologie medialne w komunikacji, aby być dobrze zintegrowanym. Aby przetrwać, szkoła jest wezwana do przeprojektowania się zgodnie z modelami, które są w stanie odpowiedzieć na dzisiejsze wyzwania, uznając proces uczenia się za nieformalną i stałą nową "granicę (granicę)" informacji.[61]

W dzisiejszym społeczeństwie, w którym panuje silny kryzys wartości, ludzie myślenia zastanawiającego dostrzegają pilną potrzebę promowania "nowego humanizmu" i "nowego paideia" jako "horyzontu świata, zgodnie z którym każdy z nas (indywidualnie i zbiorowo) musi "zrozumieć siebie" i "usytuować siebie", aby nadać sens swojej egzystencji". Na [62] przykład według neurobiologa Rogera Sperry'ego "nowy" humanizm oznacza "przyjęcie innego sposobu myślenia, opartego na systemie wartości", który jest sformułowany "na uznaniu najwyższych wartości etycznych, akceptowanych przez każdą jednostkę należącą do różnych kultur, grup etnicznych i religijnych".[63]

Istnieje potrzeba ponownego zdefiniowania celów wychowawczych w zakresie przejścia od "ME" do "WE", a takie przejście oznacza doświadczenie i specyficzną formację, w odniesieniu do postaw w relacji, zdolności komunikowania się, radzenia sobie z[64] konfliktami, dyspozycyjności i zaangażowania we współpracę dla wspólnego dobra (wszystkich i każdego z osobna), wzrastające poczucie współodpowiedzialności, począwszy od rodziny.

Propozycja edukacyjno-dydaktyczna, spójna z tym, co zostało powiedziane, jest według mnie tym, co już zostało wyrażone przy różnych okazjach i co krótko tu powtarzam. Propozycja formacji tożsamości w duchu solidarności, zgodna ze znaczeniem odkrycia *solidarności ontologicznej* i odnosząca się do wszystkich poziomów szkolnictwa i poza nim, może być rozważana z trzech stron:

a) Odkrycie ontologicznej solidarności: *"Jestem w, należę do...", to* znaczy, jestem częścią całości do odkrycia, pamiętając o każdym elemencie w swojej konkretnej

---

that Connects, the Net that Captures: Metafory Internetu "Doświadczenie", w *ivi* 23-36; PIAZZA Antida, *Limen: forme di cyberidentità* [*Limen: Formy Cyber-tożsamości*], w *ivi* 37-52.

[61] Por. RIVOLTELLA Pier Cesare, *Wprowadzenie: Mass-media, Edukacja, Formacja,* w: MASTERMAN Len, *A Rationale for Media Education,* Strasbourg, The Council of Europe 1994 / A media *school. Education, media and democracy in the Europe of the 90s* , Brescia, La Scuola 1997, 5-29.

[62] AGAZZI, *Una nuova paideia* [*Nowa Paideia*] 43.

[63] Cit. W Mura Gaspare, *Proces "Mondializzazione" i Pluralizm kulturowy,* w MANTOVANI Mauro - THURUTHIYIL Scaria, *What Globalization? Człowiek planetarny" w drzwiach "Mondiality"* Roma, LAS 2000, 118.

[64] Bruner mówi o "zasadzie narracji", twierdząc, że "tylko narracja pozwala zbudować swoją tożsamość i znaleźć miejsce we własnej kulturze". Szkoły muszą pielęgnować zdolności narracyjne, rozwijać je, a nie brać ich za pewnik [...]" (BRUNER Jerome, *La cultura dell'educazione. Nuovi orizzonti per la scuola* [*Kultura Edukacji. New Horizons for the School*, Harvard University Press 1996], Milano, Feltrinelli 1997, 55).

istocie. Idea części/całości relacji, Ja/Inni, mężczyzna/natura, mężczyzna/kobieta, przeszłość/obecność/przyszłość itd., musi być zaproponowana poprzez wszystkie studia od początku szkoły, a nawet wcześniej: *odkryć* - w sobie, we własnej rodzinie, we własnej dzielnicy lub mieście, we własnym regionie, narodzie, kontynencie lub świecie i w całym wszechświecie - *wzajemne połączenie i współzależność.* Jest to perspektywa, którą możemy nazwać "eko-pedagogiczną", która wymaga edukacji *ekologicznej, edukacji do harmonii.*[65]

b) Przekonanie, że *"wzrastam w kontaktach z innymi"*: oznacza to, że w miarę, jak uznaję drugiego za innego "Mnie", godnego całego mojego szacunku i współpracy, wzrastam w sobie i w moim prawdziwym człowieczeństwie. Jest to perspektywa, którą możemy nazwać "koedukacyjną", która wymaga *"wychowania do drugiego człowieka, do wzajemności, do międzykulturowości, do solidarności".*

c) Zaangażowanie na rzecz wspólnego dobra (wszystkich i każdego z nich): *"Przyczyniam się do...", to* znaczy, poprzez odkrycie różnorodności innych "Mnie" i zaakceptowanie ich, współpracuję w budowaniu społeczeństwa bogatszego w wymiarze ludzkim. Odkrycie wokół siebie wielopłaszczyznowej obecności innych "Mnie", zwrócenie na nich uwagi i zainteresowania, a także możliwość wzbogacenia się o ich różnorodną kulturę, jest rzeczą możliwą nawet w przypadku uczniów szkół podstawowych. Nawet przed uznaniem, że przebywanie w ich obecności jest obowiązkiem lub bierną rezygnacją - nie mówiąc o brutalnej wrogości - powinno być odczuwane jako potrzeba. Jest to zobowiązanie, które pochodzi ze świadomości ludzkiej godności każdego człowieka i z poszukiwania wspólnej (uniwersalnej) ludzkości. Jest to perspektywa, którą możemy nazwać "planetarną", co oznacza przede wszystkim *edukację do solidnego rozwoju, do demokratycznego współistnienia, do*[66] *praw człowieka, do pokoju, do "mondiality":* są to podstawowe cele edukacyjne dla naszych czasów, na wszystkich poziomach, w tym instytucji uniwersyteckich.

Pedagogika, szkoła i działalność pozaszkolna w jej wymiarze globalnym mają dziś wielkie zadanie *towarzyszenia* nowym i starym pokoleniom w perspektywie *solidarnej tożsamości* dla budowania *nowego człowieczeństwa.* Kształtowaniu się tożsamości -

---

[65] O edukacji do harmonii patrz: CHANG Hiang-Chu Ausilia, *The Education of Woman in Asia: Problems and Prospects,* w *Educational Science Review* 34 (1996) 3, 321-346, zwłaszcza 340-344.

[66] Wszędzie jest jeszcze daleko do demokratycznego systemu, który byłby w stanie stworzyć więzi solidarności i skutecznego dialogu między wszystkimi ludźmi oraz sprawiedliwego podziału zasobów. W tym celu patrz DE VITA, *Incertezza e identità* [*Niepewność i tożsamość*] 63-80.

postrzeganej jako dynamiczny i trwały proces, który angażuje nas wszystkich - musi towarzyszyć szacunek i docenianie *różnic.*

Dziś, bardziej niż kiedykolwiek wcześniej, podkreśla się "imperatyw szacunku, a bardziej wartościowania *różnic,* a jednocześnie wymaga się od nas, byśmy nie wyrzekali się *tożsamości*, które, przeciwnie, mają być bronione i chronione".[67] "Przyszłość - stwierdza sprawiedliwie B. Rossi - będzie nieustannie rzucać wyzwania osobie, aby chronić i zapewniać poczucie wspólnoty *różnic".* [68] Świadomość epokowej zmiany wraz z jej wyzwaniami skłania nas do przekonania, że wyzwania te wymagają odpowiedzi, przede wszystkim edukacyjnej, jasnej i skutecznej, która zakłada zdolność stałego i dynamicznego rozeznania i zaangażowania w odnowę.

---

[67] AGAZZI A., *Pedagogia i międzykulturowość planetarna* [*Pedagogy and Planetary Interculturality*] 94.

[68] ROSSI, *Identity and Difference,* 234. Por. także CHANG - CHECCHIN, *edukacja międzykulturowa* 155-177.

Rozstrzygnięcia

W obliczu alarmującego zjawiska regionalizmów, fundamentalizmu, ksenofobii, wojen, tortur, niesprawiedliwości, wszelkiego rodzaju przemocy, a także w obliczu wielu przypadków braku lub kruchości korzeni w życiu jednostek, braku dojrzałości ludzkiej, Szkoła i ci, którzy są zaangażowani w trudne zadanie edukacji, muszą czuć się wezwani do przedstawienia hipotez i strategii *zmiany zgodnie z* możliwościami i potrzebami osoby ludzkiej, owocu poważnego i ciągłego poszukiwania wartości, w ramach "nowych" i "zróżnicowanych" współczesności; *nowy* nie w sensie odmowy przeszłości, ale w sensie lepszej świadomości i zaangażowania w *re-fundację*, która angażuje wszystkich.

W tym sensie możemy mówić o "powrocie wychowawcy", który podkreśla wymiar wychowawczy Szkoły, postrzeganej jako "miejsce, w którym odgrywa się podstawową rolę relacji wychowawczych; relacji, które muszą być odzwierciedlone i ożywione, ponieważ od ich jakości zależy przede wszystkim sama skuteczność programów wychowawczych".[69]

Edukacja, godna swego imienia, może jedynie promować nabywanie *tożsamości w duchu solidarności*, która wyraża prawdę o człowieku, o Bogu, o świecie, a więc o ich *relacji. Innymi* słowy, solidarna edukacja do tożsamości nie jest niczym innym jak edukacją *tout court.*

Wszyscy ci, którzy są zaangażowani w ciężką pracę wychowawczo-dydaktyczną, oprócz własnej formacji (początkowej i ciągłej), muszą pamiętać o tych dwóch rzeczach: Pedagogice *Różnicy* i *Pedagogice Służby.*

a) *Pedagogika Różnicy. Chodzi o* przyjęcie pojęcia *różnicy* jako "jednoznacznego kryterium dydaktycznego", według którego należy "poznać każdego ucznia w jego indywidualności, szanować jego zachowanie, zdolności, możliwości, projekty, powołania i [...] doceniać go jako byt niepowtarzalny, pozwalający na uznanie go za wewnętrzną specyfikę [...]".[70] W tym sensie pedagogika taka podkreśla konieczność *edukowania wszystkich do odmienności i do inności,* poprzez interwencje edukacyjno-dydaktyczne, *specyficzne* i nieszczególne.

b) *Pedagogika służby.* Edukacja jest najbardziej szlachetną służbą, jaką można sobie wyobrazić, ponieważ jest to *pomoc* celowo humanizująca, ukierunkowana na realizację osoby ludzkiej. Pedagogika świadoma godności ludzkiej, zaangażowana w jej promowanie, może być jedynie pedagogiką opartą na zdrowej antropologii i aksjologii,

---

[69] ORSI Marco, *Ritorno all'educazione e responsabilità* [*Powrót do edukacji i odpowiedzialności*], *w Dirigenti Scuola* 18 (1997/98) 2, 15. Prawdziwym sensem szkoły - mówi autor - jest "świadczenie o człowieczeństwie człowieka i jego doskonalenie" (*ivi* 12). Por. także ID., *Educare ad una cittadinanza responsabile Educating to a responsible citizenship*], Bologna, EMI 1998.

[70] ROSSI Bruno, Różnica, *różnorodność, upośledzenie. Perspektywy pedagogiczne i ścieżki edukacyjne* [*Różnica, Różnorodność, Upośledzenie. Perspektywy pedagogiczne i kierunki kształcenia*], *w Prospettiva EP* 15 (1992) 1,35.

przenikniętej autentyczną miłością do każdej osoby ludzkiej. Taka pedagogika będzie integralną, twórczą, dynamiczną, opartą na współpracy i angażującą, w zależności od możliwości i potrzeb człowieka i każdej istoty ludzkiej.

Pedagogika, którą nazywam "*Różnicą i Służbą*" jest niezbędnym warunkiem budowania tej *cywilizacji miłości*, tak bardzo pożądanej i wspieranej przede wszystkim przez papieży naszych czasów. Potwierdza Jan Paweł II: "Człowiek nie może żyć bez miłości". Pozostaje dla siebie istotą niezrozumiałą, jego życie jest pozbawione sensu, jeśli nie objawia mu się miłość, jeśli nie spotyka się z miłością, jeśli nie doświadcza miłości i nie czyni jej swoją własną, jeśli nie bierze w niej istotnego udziału".[71]

Według Jana Pawła II, cywilizacja miłości jest zakorzeniona przede wszystkim w ojcostwie Boga, który jest miłością i miłosierdziem. Człowiek jest bratem drugiego człowieka tylko tam, gdzie jest ojciec. Ludzkość bez ojca/matki, nie uznająca drugiego za brata, jest zdolna do zabicia go, a tym samym przygotowuje własną autodestrukcję i zagładę.[72] Takie rozważania wydobywają ponownie na światło dzienne wszystkie wielkie problemy edukacyjne wynikające z kryzysu rodziny, który przedstawia się coraz bardziej drastycznie jako lustro egoistycznego i hedonistycznego społeczeństwa. Z tego powodu należy pilnie kultywować *solidarność w* świetle antropologii otwartej na transcendencję, jako świadomość współzależności, jako zobowiązanie dla wspólnego dobra (wszystkich i każdego z osobna) oraz jako wymóg porządku moralnego.

Edukacja bez miłości jest "niemożliwa", a miłość składa się z wiedzy, komunikacji i poświęcenia. Stąd też coraz bardziej podkreślane jest znaczenie tzw. *pedagogiki narracyjnej* [73] i *edukacji-komunikacji*. Dlatego też w pedagogicznej perspektywie poświęcenia, również "dobrowolne" doświadczenie *służby socjalnej* będzie musiało stać się sposobem wychowawczym, który będzie coraz bardziej świadomy i szeroko rozpowszechniony.

---

[71] GIOVANNI PAOLO II, *Giovani: agli albori del terzo millennio la costruzione di una civiltà dell'amore esige tempre forti e perseveranti* [*Młodzież, u progu trzeciego tysiąclecia, budowa cywilizacji miłości wymaga silnego, wytrwałego charakteru*], w *Insegnamenti di Giovanni Paolo II* [*Nauki Jana Pawła II*] 9(1987)2, 1819. Miłość można by uznać za "szczyt *cudzych*" (PALUMBIERI Sabino, *L'uomo, questa meraviglia). Antropologia filosofica I. Trattato sulla Costituzione Antropologica. Manuale.* [*Man, this Marvel.] Antropologia filozoficzna* 1. *Traktat o Konstytucjach Antropologicznych. Manual*], Roma, Urbaniana University Press 1999, 369-389). *Produktywna Miłość*, według E. Fromma, ma cztery cechy: szybkość, odpowiedzialność, szacunek i wiedzę (por. FROMM Erich, *Człowiek dla siebie): An Inquiry into the Psychology of Ethics*, New York, Holt, Rinehart & Winston 1947 / Dalla parte *dell'uomo,* Roma, Astrolabio 1971, 79-82. Al riguardo vedi anche GUITTON Jean, *Essai sur l'amour humain*, Paris, Aubier 1948 / *Saggio sull'amore umano,* Brescia, Morcelliana 1954).

[72] Por. JAN PAWEŁ II, *List Apostolski na Międzynarodowy Rok Młodzieży*, w *Naukach Jana Pawła II* 8(1986)1, 835.

[73] W tej kwestii, oprócz myśli J. Brunera (uwaga n. 35), patrz również Nanni Antonio, *Educare alla convivialità... Un progetto formativo per l'uomo planetario* [*Education to Conviviality. A Formative Project for the Planetary Man/Woman*], Bologna , EMI 1994, 33-74. 201-230.

W ten sposób pedagogiczny argument *tożsamości w solidarności* doskonale zbiega się z wymogiem "*troski o mnie"* i *tworzenia sieci, tak aby nikt nie był dla mnie obcy, ani nie został przeze mnie "podporządkowany"*. Musi on raczej być w stanie *spotkać siebie i innych, jako osobę do osoby. Taki jest* sens tego, co nazywam *eko-pedagogiką* i *pedagogiką planetarną,* która podkreśla konieczność dawania każdemu z nich należnego mu szacunku i odżywiania się szacunkiem, który jest należny wszystkiemu.

Wniosek

SZKOŁA JAKO DOBRO WSPÓLNE[74]

Termin "dobro wspólne" (z łaciny: *bonum commune*), często używany, nie ma jednoznacznego znaczenia, przede wszystkim na poziomie praktyki. Co do treści tego pojęcia istnieje otwarty spór, w tym zakresie:

a) pojęcie "dobra wspólnego" jest nierozerwalnie związane z pojęciem osoby ludzkiej (antropologia), z zasadą praw człowieka, z dyskursem dotyczącym wartości i celu działalności politycznej.

b) Żyjemy w kulturze relatywistycznej, w której jesteśmy świadkami akcentowania kryteriów utylitarnych i hedonistycznych, które powodują dyskomfort i tworzą więcej osób znajdujących się w niekorzystnej sytuacji na świecie, tak że ma się nawet wrażenie, że chce się zaprzeczyć istnieniu wspólnego dobra ludzkiego, które powinno być za wszelką cenę chronione.

c) Szkoła, w wielu częściach świata, narażona jest na ryzyko wahania się pomiędzy wycofaniem się z pracy pedagogów lub niedoborem autentycznych pedagogów i kompetentnych nauczycieli - z wynikającym z tego brakiem motywacji, spowodowanym tą sytuacją, która dotyka uczniów i ich rodziców - a utylitarnym, technokratycznym, merkantylistycznym reformizmem, który wypacza kompas sterujący samej szkoły.

d) Bez należytego pogłębiania i dzielenia się tym, co zostało stwierdzone w Preambule *Powszechnej Deklaracji Praw Człowieka - Wszyscy ludzie tworzą wspólną rodzinę* - kwestia szkoły jako wspólnego dobra nie znajduje bezpiecznego zakotwiczenia.

e) W celu dogłębnego zbadania omawianego tematu warto wyjaśnić znaczenie poszczególnych elementów wyrażenia "szkoła - jako dobro wspólne":
   - *Szkoła*. W jakim sensie?
   - *Jako wspólne dobro*: w jakim sensie?

---

[74] Por. CHANG H.-C. A., *Szkoła jako wspólne dobro jako miejsce humanizacji solidarności*, w AA. VV., *Szkoła jako wspólne dobro. Czy to wciąż możliwe?* XLVII Konferencja Scholé, Brescia, La Scuola 2009, 211-216.

Osobiście uważam, że biorąc pod uwagę złożoność i faktyczne znaczenie omawianego tematu, należy ponownie przeanalizować etymologiczne znaczenie słowa "szkoła" w niektórych językach azjatyckich - takich jak chiński, koreański i japoński - ponieważ poprzednie badanie poświęcone było wyjaśnieniu znaczenia tego terminu w językach zachodnich.[75]

Szkoła, jak wszyscy wiedzą, nie może być rynkiem zbytu dla kupna i sprzedaży, dla konkurencji/konkurencji w sensie *Mors tua, vita mea* (z łaciny: Twoja śmierć, moje życie); wręcz przeciwnie, powinna promować myślenie refleksyjne, tworząc w ten sposób warunki, które pozwolą na troskę o ducha ludzkiego jako całości - jego wzrost, dojrzewanie i upodmiotowienie - oraz na grę jego wolnością i otwartością na innych, jego potencjałem, jego zdolnością do inicjatywy i odpowiedzialnością osobistą i obywatelską.

Pojęcie szkoły w ten sposób, poprzez ponowne odkrycie etymologicznego znaczenia tego terminu, nie oznacza ignorowania zmęczenia i napięcia, które nieuchronnie towarzyszą realizacji tego zadania. Zamiast tego chcemy podkreślić aspekt bezinteresownej *i wolnej* działalności, który charakteryzuje kulturę ducha, a nie przymusu.

Ale czy szkoła jest rzeczywiście środowiskiem *wyzwalającym*, środowiskiem *pożądanym* przez naszych uczniów, środowiskiem, do którego przychodzą oni chętnie, z radością? Czy myślenie o szkole daje im radość? Jeśli tak nie jest, to jakie są główne powody?

1. Szkoła w jej etymologicznym znaczeniu w niektórych językach azjatyckich

Termin "szkoła" o ideologicznym chińskim charakterze, czytany w języku chińskim jako *xue xiao*, jest używany zarówno w języku koreańskim, jak i japońskim z nieco inną wymową, odpowiednio *hak-kyò* i *gak-ko*. Zawiera w sobie bogate znaczenie, wyjątkowe, które zasługuje na szczególną uwagę.

Słowo to składa się z dwóch sylab, z których pierwsza oznacza *uczenie się*, zdobywanie wiedzy przez *dziecko, "chronione" przez organizację*, aby nauczyć się uświadamiać sobie rzeczywistość, czyli świadomość konieczności uczenia się i wzrastania

---

[75] CHANG H.-C. A., *Szkoła we wraku? Odkrycie na nowo funkcji szkoły w XXI wieku*, w L. LEPRI (RED.), *Il bene cultura, il male scuola,* Rzym, Fondazione Internazionale Nova Spes-Armando, 1999, s. 106s. W niniejszym opracowaniu przeanalizowałem również pojęcie szkoły w słownikach i encyklopediach pedagogicznych, a także cel szkoły w niektórych raportach międzynarodowych (por. *tamże* 105-121).

w wymiarze ludzkim, świadomość własnej ignorancji i niedojrzałości. Druga sylaba, złożona z drzewa - liczba 6 (po chińsku) - w interakcji, wskazuje na zorganizowane miejsce (drzewo/drzewo, ogrodzenie i ludzie w interakcji), gdzie odbywa się nauczanie i uczenie się.

Stąd termin "szkoła" oznacza *środowisko, w którym uczymy się i uczymy od siebie nawzajem, w* którym uczymy *się poprzez interakcję, aby* zrozumieć prawdę, aby stać się dorosłym, świadomym własnej ignorancji i niedojrzałości. Zakłada on chęć uczenia się poprzez ujawnianie swojej ignorancji i zdobywania wiedzy.

2. Szkoła jako miejsce humanizacji w solidarności

Znaczenie etymologiczne słowa "szkoła", zarówno w językach zachodnich, jak i azjatyckich, ma interesujące współbrzmienie w tym sensie, że zarówno wpływa na głębię człowieka, jak i na jego potrzebę odpowiedniego szkolenia i humanizacji. Są one również w zgodzie z samym znaczeniem "dobra wspólnego". W rzeczywistości, zgodnie z akceptacją Soboru Watykańskiego II, dobro wspólne jest "[...] sumą tych warunków życia społecznego, które pozwalają grupom społecznym i ich poszczególnym członkom na stosunkowo gruntowne i gotowe do samodzielnego spełnienia się [...]".[76]

Jeśli szkoła jest dobrem wspólnym, to nie może być elitarna, klasowa. Wszyscy i każdy musi mieć do niej dostęp. Do tego doskonale odnosi się definicja dobra wspólnego, to znaczy "[...] dobra wszystkich i każdej jednostki, ponieważ wszyscy jesteśmy naprawdę odpowiedzialni za wszystkich".[77]

Dlatego szkoła jest dobrem wspólnym, które powinno być *ratowane*, ulepszane, tam gdzie to konieczne, aby stało się miejscem prawdziwej humanizacji. W tym *informacyjnym społeczeństwie* wiedzy i komunikacji wszyscy - zarówno dzieci, jak i dorośli - znają znaczenie terminu "ocalić" i jego znaczenie. Uratować co i dlaczego? A ratowanie siebie: dlaczego nie? A pod jakimi warunkami?

Kwestia, o której mowa, "Szkoła jako wspólne dobro" nie odbiega od kontekstu tego dyskursu. Wyrażenie - "szkoła jako wspólne dobro" - zawiera w sobie złożone znaczenie.

---

[76] SOBÓR WATYKAŃSKI II, *Konstytucja duszpasterska o Kościele we współczesnym świecie. Gaudium et spes* (1966), w *AAS* 58 (1966), s. 1046, n. 26.
[77] JAN PAWEŁ II, *Encyklika "Sollicitudo rei socialis"* (1987), w *AAS* 80 (1988), s. 564s, n. 38.

Stawką jest sama koncepcja antropologiczna: u jej podstaw leży obrona praw człowieka, w tym prawa do szczęścia.

Jeśli *verum, bonum et pulchrum convertuntur,* szkoła będzie miejscem prawdziwej humanizacji do tego stopnia, że stanie się miejscem poszukiwania prawdy i całej prawdy, miejscem, gdzie będziemy wychowywać do *solidarności* i do *komunii,*[78] do aktywnego i odpowiedzialnego obywatelstwa, w atmosferze radości i szczęścia, którym będziemy żyć już teraz.[79]

Nadszedł czas, by w sposób operatywny nakarmić jasną perspektywę wychowawczą "*naszego Ojca*", tej "pedagogiki komunii", która, podobnie jak międzykulturowość i każdy inny aspekt wychowania, jest także drogą naznaczoną nieuchronnymi trudnościami, wyrzeczeniami i wyrzeczeniami, ponieważ jest to droga miłości, wewnętrzności, wolności, która zakłada częste "wyjście" ku coraz szerszym horyzontom, na spotkanie coraz bardziej wzbogacające. Jest to podróż, która nie ma żadnej innej alternatywy, jeśli nie tej negatywnej, której należy absolutnie unikać, hegemonii jednej kultury nad innymi lub dominacji jednego człowieka nad innymi. Jest to podróż, której nie można zastąpić nawet coraz gęstszą siecią komunikacyjną w zakresie informacji - wystarczy pomyśleć o potencjale Internetu, wciąż nieprzewidywalnego. Jest to droga, na której ukryty jest nieoceniony skarb ludzkiego wzrostu, ten osobisty wzrost *w wewnętrznej hominie*, gdzie jesteśmy w pełni świadomi przynależności do *wspólnej ludzkości, która* ma być zbudowana. Radość jest nagrodą dla tych, którzy dążą do odkrycia tego skarbu i pracują nad tym, aby go odkryć i nieustannie wzbogacać.[80]

---

[78] Wszystko to wymaga głębokiej świadomości naszej współzależności na wszystkich poziomach, co zostało podkreślone w jednym z naszych badań. W tym względzie, patrz: CHANG H.-C. A. , *Una prospettiva didattica per un'educazione alla solidarietà*, w *Orientamenti Pedagogici* 38(1991)2, 483-490; ID., *Concluding Observations*, w AA. VV, *The Catholic School and the Challenges of the 21st Century*, Bruxelles, OIEC, 1999, 200-208; ID., *Rapport Conclusion du XV Congrès OIEC*, in AA. VV, *L'École Catholique et les défis du 21e siècle*, Bruxelles, OIEC, 1999, 200-208.

[79] Por. CHANG H.-C. A., *Globalizacja w trakcie dyskusji. Prospettiva educativa*, in *Seminarium* 42(2002), nn. 3-4, 769-787 = in *Rivista di Scienze dell'Educazione* 41(2003)1, 56-68; ID., *Scuola e formazione per un identità solidale*, in NANNI Carlo(red.), *Cultura educazione formazione. Dziś, między Francją a Włochami,* Rzym, LAS, 2002, 97-118; ID., *From multiculturality to interculturality: an essential path, but in what sense and how?* w *Seminarium* 53(2003)3, 643-667.

[80] Por. CHANG H.-C. A. - CHECCHIN M. , *Międzykulturowa edukacja. Perspektywy pedagogiczno-dydaktyczne Ciał Międzynarodowych i Szkoły Włoskiej*, Rzym, LAS 1996, 176s.

(na tylnej okładce:)

Dla szkoły, która nigdy nie zanika

Książka ta ma na celu właśnie odpowiedzieć na potrzebę wyjaśnienia funkcji szkoły i zaproponowania przekonania, aby wierzyć w trwałą wartość instytucji szkolnej, która promuje integralną formację wszystkich i każdego człowieka. W tym celu autor analizuje w sposób dość dokumentalny i niewyczerpujący niektóre słowniki i encyklopedie pedagogiczne, a także dwa międzynarodowe raporty dotyczące edukacji. Myśleć pozytywnie i angażować się w edukację szkolną oznacza kochać przyszłość ludzkości.

Hiang-Chu Ausilia CHANG, urodzony 10 grudnia 1945 r. w Korei Południowej, jest salezjańskim zakonnikiem mieszkającym od kilkudziesięciu lat we Włoszech. Jest pedagogiem, profesorem na Papieskim Wydziale Nauk Oświatowych "Auxilium" w Rzymie; wykłada dydaktykę ogólną, pedagogikę porównawczą i pedagogikę szkolną.

Zawartość

yes
I want morebooks!

Buy your books fast and straightforward online - at one of world's fastest growing online book stores! Environmentally sound due to Print-on-Demand technologies.

Buy your books online at
www.morebooks.shop

Kaufen Sie Ihre Bücher schnell und unkompliziert online – auf einer der am schnellsten wachsenden Buchhandelsplattformen weltweit! Dank Print-On-Demand umwelt- und ressourcenschonend produzi ert.

Bücher schneller online kaufen
www.morebooks.shop

KS OmniScriptum Publishing
Brivibas gatve 197
LV-1039 Riga, Latvia
Telefax: +371 686 204 55

info@omniscriptum.com
www.omniscriptum.com

MIX
Papier aus verantwortungsvollen Quellen
Paper from responsible sources
FSC® C105338

Printed by Books on Demand GmbH, Norderstedt / Germany